最強
股市技術分析

從8萬創造出50億財富
的技術分析之路

序

　　許多人剛踏入股市時總有個疑問，股票市場千變萬化，尤其是當今信息量爆炸的年代，若要進入此領域並賺取超額的報酬該具備什麼能力？我寫這本書就是來解決大家心中的疑問的，的確在信息如此繁多的現代，我們在股市中時常不知所措，公司提供的財報、股市分析師在平台上的分析……有眾多的資訊可以影響投資者的判斷，但對於踏入股市四十多個年頭的我來說，不管時代再怎麼改變，股市的走勢始終脫離不了「技術分析」這門學問，本書將從「技術分析」帶領讀者進入股票的世界，讓讀者知曉「技術分析」是如何在股市中發揮關鍵性的作用。

　　當今的社會理財至關重要，現代幾乎人人都有理財的概念，但卻不知道從何開始，至於我當初為何要學習理財這門知識呢？在四十五年前我是就讀藥學系，本來準備重考，遇到了第一位貴人告訴我：「醫師只是比較高級的理髮師，他們都是屬於用勞力賺錢，是世界上最辛苦的。」他告訴我世界上有三等人，最辛苦的是靠自己的勞力獲取錢財的人，例如：工人、理髮師，第二等人是靠別人的勞力替他賺錢的人，例如：老闆、管理者，最厲害的是利用別人的智慧替他賺錢的人，於是我問了老師：「如何靠別人的智慧賺錢？」老師答道：「從事理財的投資者。」

Preface

　　聽聞老師的說明後，我在求學跟當兵前後都有去尋求理財方面的資訊。但四十年前的理財智庫資訊很少，要理解股市並非如此容易，就在服完兵役之後我投入了股市，卻因不懂股市投資的技術及技巧，在短短的兩年虧損了60%到只剩下8萬元。此時所幸遇到了我人生中的第二位貴人，就是我股票的啟蒙老師「黃老前輩」。首先，他規定在還沒學成之前都不能投入股市，教導我人生要有夢想，如果沒有夢想只願為平庸那是做不好股票的，我的老師還要求在拜師學藝的這段期間，以不能操作任何一支股票來訓練我的耐心、自信心、毅力、決心、執行力、想像力、企圖心、條理分明的計畫策略、潛意識及第六感......這些心靈所需的條件。此後我開始認真學習技術分析，也有信心在技術學成後靠自己的專業知識可以獲利。在股市裡我認為這點很重要，沒有信心容易受到外界的影響而影響自己的判斷，同時作股票也一定要有決心跟毅力，但最重要的是要訓練想像力，有想像力才能有全方位的大格局，才能比別人洞燭先機提早布局，我跟著「黃老前輩」學習K線、趨勢線、道氏理論、波浪理論、移動平均線、型態、缺口、量價關係到循環，時間經過了三年四個月後學成，終於黃老前輩說：「你已經學會了，可以開始自己操作」。

經歷了三年四個月(1985年7月30日)，我終於得到恩師的允許可以重新踏入股市操作，爾後開始進入投資的旅程。直到現在我利用所學的專業知識，規劃出了一套適合我自己的股市投資策略，而在投資的過程中我也認識了許多人，學成了股票基本的技術技巧。應用波浪理論在1985年7月分的低點636開始操作，也運用老師所教的股市是集資市場、複利市場、槓桿市場的特性，在每一個波段的高點賣出後，經過整理在波段的低點買進，就這樣周而復始做了好幾趟。有一天遇到我人生中的第三位貴人告訴我1988年9月24日前必須將股票全部出脫，因有重大的事情發生股市會產生暴跌，是最嚴重的無量下跌，我就請問他用什麼方法可得知這關鍵的時間，因為我所學的技術分析波浪理論只知道價格的高低點，並不知道何時會發生轉折，於是就又跟他學了一套預測時間轉折的神祕技巧（易經八字五行預測股票轉折，利用大格局的年、中格局的月、細微波的日來推算股市精確的轉折日）。於是這三十幾年來，我利用黃老前輩的技術分析，以及易經八字老師的各種推算技巧精準預測出股市每次的轉折，逐漸累積起自己的資產，例如：一. 1990年2月分的高點12682後在1990年3月22日在台灣日報股票分析發表一篇「指數萬一跌破，直看2700」，是

用波浪理論預測。二. 1991年12月11日在鑫報頭版刊登「再喝甜湯，必洗碗盤」精準預測1992年元月7、8日見低點3100點附近，這是用指標預測。三. 神準預測2000年高點10393政黨輪替之後，股市會跌到3400點，這是用缺口理論預測。四、2008年政黨再次輪替，所有報章雜誌皆預測馬上上萬點，只有我獨排眾議，利用六合神功的技術及技巧，告訴很多投資者必須將股票全部出清，因為股市會跌破4000點。五、2016年政黨第三次政黨輪替，由蔡英文總統執政，所有的報章媒體認為股票市場會和前兩次一樣大崩跌，當時我利用波浪理論及所學的技術指標告訴很多投資者蔡英文總統執政後股票會扶搖直上，在她就任期間會突破12682創歷史高點，因台灣股市在走大格局的末升段，會突破到3萬點之上。

本書所提到的很多贏家心法及各種專業技術的精髓可以供為新手、老手、高手在股票市場的護心鏡，也是金融投資者快速致富的投資秘笈，股票投資重中之重為股市心法及高級主力控盤技巧。

最後這本書能夠順利出版，要感謝的人真的很多，從第一位讓我改變思維從事股市研究的老師；第二位教導我「六合神功」秘笈的啟蒙老師

黃老前輩；第三位提升我預測能力的易經八字老師；第四位提高我操作策略控盤能力的宋老師；第五位提升我選股能力的司馬相老師，到後面願意與我一起編排此書的學生陳昭綸、張耿瑞、巫家倫、劉繼元、蔡淑麗、羅宇婷、何育廣，很感謝各位，在此跟各位說聲謝謝。踏入股市已四十多個年頭，現今的我早已看淡名利，感謝一路走來我遇到的所有貴人，如今我也將循著當初教導我的老師所做的，將我的畢生所學傳授出去，引領下一代的年輕人成長，希望能藉由此書將我在股市獲利的秘笈六合神功傳承下去，幫助到所有想踏入股市的年輕人，讓他們可以在現今疫情、中美關係等情況下，仍能藉由六合神功在股票市場上獲利。

　　經由四十幾年的股市經驗，還有五位貴人指點與向各大名師討教，我將各項技術指標的秘笈及心法融會貫通，使讀者可以藉由此書開始進入股市且不會在股市中受到傷害。若讀者想要更進一步了了解技術分析或有任何不懂的地方，歡迎來電詢問或是加入我們飆碼技術學堂，在課堂上將會把整本書的內容更完整且精準的教授給您。

　　受限於我的所聞所學，尚祈國內先進賢達於本書疏漏不足之處多多惠予指正！

目錄 Contents

序 | 01

1 我的投資史 | 10

① 利用線波段操作賺取萬倍資產 | 011
② 投資電子股與飆馬股賺取倍數價差 | 0
③ 籌碼集中的重要性 | 014
④ 2020 年最新投資標的 | 017

2 買賣力量的變化—K 線 | 022

① K 線的意義 | 022
② K 線的結構 | 024
③ K 線操作秘笈 | 101

3 價格前進的軌道：趨勢線 | 104

① 趨勢線的畫法 | 105
② 趨勢線的基本原理 | 105
③ 趨勢線之綜合重點 | 110
④ 趨勢線的應用 | 111

4 趨勢與轉折的判斷 | 112

① 道氏理論 | 112
② 支撐與壓力 | 115

5 | 未來走勢的預測—波浪理論 | 122

① 波浪理論的基本原理 | 122
② 驅動波段的型態 | 135
③ 修正波段的型態 | 141
④ 波浪理論的型態原則指導 | 150

6 | 價格前進的路徑：移動平均線 | 160

① 移動平均線的意義 | 160
② 移動平均線的種類與原理 | 162
③ 移動平均線的特性 | 164
④ 股價與移動平均線的關係 | 165
⑤ 移動平均線的應用原則 | 166
⑥ 利用移動平均線的操作 | 168
⑦ 移動平均線的基本圖形 | 173
⑧ 均線多空排列組合 | 178
⑨ 多空指標 | 180

7 | 趨勢轉折的指標：型態 | 182

① 反轉型態 | 183
② 整理型態 | 213

8 | 重大轉變的標記：缺口 | 230

① 缺口的類型 | 230
② 跳空缺口應用秘笈 | 235

9 | 資金流動的軌跡：量價 | 238

① 量價實戰演練 | 239
② 波段買賣點的檢定 | 245
③ 逆時針曲線 | 251
④ 成交量與型態、時間的關係 | 253

10 預測股市波動的進階方法 | 266

① 費波蘭希級數 | 266
② 黃金分割率 | 271
③ 股價的循環週期 | 277

11 衡量趨勢的統計方法：
技術指標 | 286

① 相對強弱指標（RSI）| 286
② 隨機指標（KD）| 292
③ 趨勢指標（DMI）| 300
④ 平滑移動平均線（MACD）| 307
⑤ 三減六日乖離（3-6Y）| 312
⑥ 布林通道指標 | 318

12 縱橫股市操作秘笈 | 332

① 三點法 | 332
② 短線法寶 | 334
③ 能量解消法 | 336
④ 選股八大原則 | 338
⑤ 亞當理論十大守則 | 342
⑥ 如何選擇長線飆馬股 | 343
⑦ 主力作手的操盤秘笈 | 344
⑧ 角度線找黑馬股及測量天價 | 352
⑨ 反彈與回檔幅度決定爾後的
漲跌幅 | 356

Chapter 01

｜我的投資史｜

　　我從1979年9月台股588點的時候開始做股票，目前已經42年了，剛開始家人拿20萬台幣買遠東紡織，但接下來遠東紡織從買進時的23.8元一路跌到1981年6月股價剩下16元。因此我開始尋找會技術分析的人教我有關投資股票的技術秘笈，經過半年左右，在1982年過年時，有人介紹啟蒙老師—「黃老前輩」給我認識。在我懇求之下他答應教我技術分析，但前提是我必須將手中的持股做出脫，因為在學習中不能進出股票，將遠東紡織在10元附近賣出，換得現金8萬元，共慘賠12萬，爾後在1982年清明節開始認真學習技術分析，跟黃老前輩學習K線、趨勢線、道氏理論、波浪理論、移動平均線、型態、缺口、量價關係到循環原理，經過三年四個月學成後，那一天是1985年7月底，老師說：「你已經學會了，可以開始自己操作」。當天的股市指數已經來到636點，在學習的過程中指數曾經跌落至1982年8月的421點，打W底第二支腳(1983年元月分)434點，而後開始上漲到1984年的5月分969點。此為台灣股市主升波

段的第一波，指數已經上漲了兩倍多，但當時我不能買賣股票，心裡受到無限的煎熬，但我相信期間培養出的耐性以及毅力是以後成功的要素。

(一) 利用線波段操作賺取萬倍資產

後來我在 8 月分拿了 8 萬塊錢進入股市重新操作：

1. 在 1985 年 8 月第一筆單，買進台塑 23.3 元，剩下現金大約 1 萬元。

2.1986 年 6 月將台塑賣出，加上原來剩下的 1 萬元，開始利用丙種保證金兩成的槓桿操作買進亞聚及台達化。

3.1987 年元月分將亞聚賣出，扣掉丙種利息，利用丙種高槓桿操作 (保證金一成) 換股操作買進彰銀、台紙及中鋼。

4. 1987 年 5 月分大盤指數在 1880 附近賣出彰銀、台紙及中鋼，扣掉丙種的借款及利息。1985 年 7 月指數從 636 點上漲到 1987 年 5 月 1906 點，已經漲了 3 倍。

5. 一般的投資者不敢再大量介入股市，啟蒙老師教導我股市投資具有集資市場、複利市場及槓桿市場的特性，所以在 1987 年 6 月底 7 月初，我運用槓桿的特性開始說服當時不敢將資金投入股市的投資者將資金聚集起來由我操作，我付利息及分紅給他們，當時共有 50~60 位的投資者將資金集資起來，買進彰銀、太平洋電線電纜、華新、華電、東元、正道、士電、裕隆、中鋼、味全、華紙，台泥、中鋼特、南亞、中化、嘉裕等股票。

6.1987 年 10 月分在指數 4750 點附近，將以上持股全部賣出。

7.1987 年 12 月分大盤指數 2400 點附近，再次利用槓桿原理操作，將 60~70 位一般投資者的資金集資在一起，加上自己的資金，向丙種金主貸買進績優成長股，例如：台塑、南亞、彰銀、新紡、台玻、台達化、亞

聚、中化、一銀、國壽、農林、台泥、味全、台苯、東聯、正隆、華紙、永豐餘、裕隆、遠紡、東元、士電、聲寶、中紡、新纖……等績優股。

8.1988年9月分指數在8700~8800點，將第七項投資的績優股全數賣出後，此時台灣股市遇到有史以來的大暴跌，因為1988年9月24日公布要實施證所稅，連續下跌19天，我很幸運的避開此次的大暴跌，依波浪理論必須做ABC波的修正，為時3個月，所以我休息了3個月。

9.1989年元月分正式實施證所稅，我重新在1988年12月底到1989年元月介入股市，此時指數在4700點附近。因上次用丙種槓桿原理操作賺得很多錢也付給丙種金主很高的利息，所以我這次改為用部分融資買進及現金操作。此次集資，因券商融資操作有限制金額，因此再自備現金10億操作飆馬股，從1989年元月分4645點到1989年9月分10843點。當時投資情況買進保固(現改名為全坤建)、勤益、六福、開發金、國泰金、宏洲、台火、欣欣。

在1989年9月分指數在10000點之上陸續出脫。

10.經過台灣股市的大幅上漲後，投資趨於保守，在1989年11月分開始介入封閉型基金操作。當時有鴻運、福元、成長、國民四大基金，每個基金建立基本持股在3千張附近，因當時政策，投資基金證交稅減少為千分之一，大量的熱錢轉投資四大資金產生大飆漲行情，在1990年元月開始飆漲，我在技術分析的關鍵突破點大量加碼，陸續在60元附近出脫。

以上十個時段是依股票市場的特性「集資市場、複利市場及槓桿市場」順勢操作賺得的財富，是用趨勢的力量，並非用高深的技術分析、基本分析和籌碼分析來賺取的，而是在這大多頭市場用錢滾錢的中長線波段操作賺取萬倍的資產。

1990年2月分大盤從指數12682點開始做空頭市場，正是六合神功技

術分析有舞台可以表演精湛武功的時刻，例如：我在報紙上所寫「指數跌破萬一直看2700點」，由月線檢測之，台灣股市從1969年6月分93.97點上漲至1973年12月分514.8點為大格局的第一大波，然後從514.8點經歷前後10年的A、B、C波整理（1973年12月分514.8點下跌至1974年12月分188.7點為A波，再從188.7點上漲至1978年10月分的688點為B波，然後再從688點下跌整理至1982年8月分的421為C波為大格局的第二大波。而後再經過半年的打底，展開台灣股市大格局的第三波（主升段），修正整理已有八年了，依時間波推算循環滿足點已到。

　　台灣股市從421點上漲，推動了大格局第三波，經歷八個年頭。到1990年2月12日的最高點12682點，指數上漲了30倍，遠大於第一大波。所以我在此提出警訊，在樂觀中勿過分樂觀，依個人所學指數超越12600點已達黃老前輩所預測的指數，依個人的看法有超漲的嫌疑及過熱的現象，所以提醒投資人勿過分追高，關鍵在上個月低點10995點及1989年9月分的10843高點不能被跌破，否則後果不堪設想。其原因在上個月的高點12682點為假突破及8813點與10843點的連線，慎防真跌破(那就糟糕了)。指數萬一跌破，需要經過長時間整理應跟第二大波一樣，曠日廢時必須經過漫長的歲月做大幅度的整理，依波浪理論時間因素計算大約必須經過13~21年的修正波整理，其過程錯綜複雜，此階段就必須仰賴高深精湛的技術分析來做選股進出的依據。

(二)投資電子股與飆馬股賺取倍數價差

　　1987年～1996年的期間，我跟宋老師、司馬相老師與主力作手-雷伯龍、富隆游、榮安邱、威京小沈、亞聚陳、櫻花張、財隆林、美濃吳、遠東林、豐銀吳、環球澎、古董張、益航陳、……等主力研究學習各種布局操盤的各派技巧。

因此從 1991 年開始我就依多年來所學的六合神功來操作台灣的股市及國際的股市，然後在台灣股市我拿出少量的資金買進長期成長的電子股，從 1992 年到 1993 年逢低買進 50 元以下的鴻海做長期投資賺取差價及股息股利，經過 15 年到 2007 年下半年 9 月分陸續出脫持股獲利大約 250 倍 (此為利用巴菲特的複利原則，抱的越久領得越多)。

在鴻海獲利了結之後，休息了一段時間，在 2008 年金融風暴股票大跌後，再次尋找台灣最佳的績優股台積電，在 2008 年 10 月到 2009 年 2 月分，半年間台積電跌至 40 元附近時，當時我請學生大量買進，做類似鴻海的長線投資，到目前台積電最高已漲到 600 元附近，我還是堅持抱緊、抱住，依照六合神功型態學還享有一段漲幅，若以還原權值來看，獲利已超過 25 倍。

1993 年到 2018 年間，在這個整理期間我也有做一些題材的飆馬股，例如：聯成、東聯、正隆、華紙、中纖等等，我都是用六合神功的技術分析去選股投資，並以此做為買賣進出之依據，日後有機會會再與大家分享，解析及分析進出場關鍵點的技巧。

(三) 籌碼集中的重要性

操作股票最重要的鐵律是一. 資金；二. 籌碼集中；三. 技術分析；四. 情緒管理；五. 遵守紀律。這裡來分享我的投資經驗中，籌碼集中的重要性：

1. 和泰車 (2207)：如果要論述到籌碼的重要性，必須說到我以前在康和證券上班的時候，曾經投資和泰車這支股票，當初和泰車剛上市的時候籌碼凌亂，到 2001 年時公司高層聽高人指點籌碼集中性的重要，所以在 2001 年之後，公司派及外資在底部吸收籌碼，我用籌碼分析得知和泰車籌碼非常集中，因此以還原權值來看從 2001 年 9 月的 5.6 元上漲到 2020 年

7月的759元，漲幅共達135倍。

2. 精華（1565）：此家公司對於上市理財的觀念非常正確，它有獨特寡占性的產品，加上籌碼集中，所以這家公司以還原權值來看從2004年13.53元上漲到2017年的871元，經歷14年漲幅共達64倍。（附註：當時買精華光學的原因在2017年股價在1000元附近已消失，所以我全力作賣出動作，後來此寡占市場的產品被大學光及晶碩所取代。）

3. 寶雅(5904)：和前述一樣，上市後有一段時間籌碼很凌亂(2002~2008年)，經過籌碼集中的工程(2008~2010年)後，若以還原權值來看股價從7.51元一路上漲到660元，經歷12年漲幅共達87倍。

4. 豐泰(9910)：與和泰車一樣，上市後有一段時間籌碼很凌亂(1992~2006年)，經過籌碼集中的工程(2006~2012年)後，股價從2.58元一路上漲到205元，若以還原權值來看經歷12年漲幅共達79倍。

5. 上銀(2049)：此家公司上市後籌碼非常集中，公司的產品也是未來展望較高和趨勢所需要的，所以這家公司以還原權值來看從2009年8月16.55元上漲到2018年4月的463.19元，經歷9年漲幅共達27倍。

6. 智邦(2345)：經高人指點，進行籌碼集中的操作，所以智邦以還原權值來看從2008年10月2.35元，上漲到2020年12月306元，歷經12年漲幅度共達130倍。

7. 大立光（3008)：大立光從2008年至2010年進行籌碼集中的操作，因此開始在2008年12月167元上漲到2017年8月6075元，經歷12年漲幅共達47倍，我們將上升軌道線的上緣線（俗稱壓力線，第三章）畫出後，發現壓力大約落在6000元附近，若再依照形態學來說（第七章），畫出L2頸線後，我們預測最小漲幅為5990元。

圖1-1　智邦(2345)
資料來源：精誠富貴贏家2000

圖1-2　大立光(3008)
資料來源：精誠富貴贏家2000

(四)2020年最新投資標的

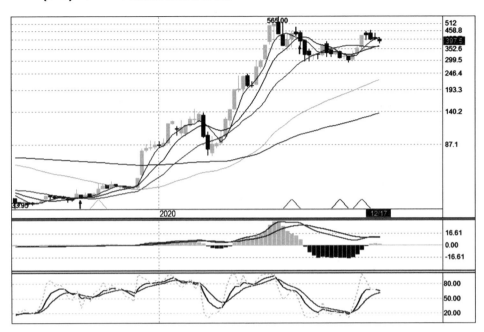

圖1-3　愛普(6531)
資料來源：精誠富貴贏家2000

　　愛普運用週線MACD的秘笈，在零軸上DIF突破MACD，形成往後
K線的支撐，所以在2020年3月分下跌到73.5元，我開始待4月分股價突
破上波高點，MACD指標再次在零軸上DIF突破後全力買進，平均成本在
100元左右，待股價上漲到650元以上時賣出，獲利6倍。

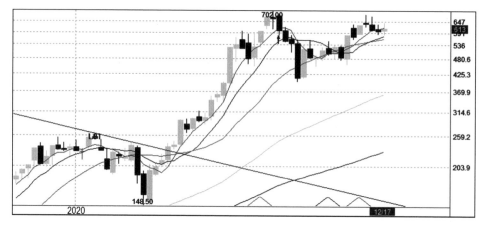

圖1-4　世芯(3661)
資料來源：精誠富貴贏家2000

　　世芯在2020年4月分時突破下降趨勢線230元為最佳買點，全力買進，爾後上漲到839元，我在賺到3倍約820元時賣出。

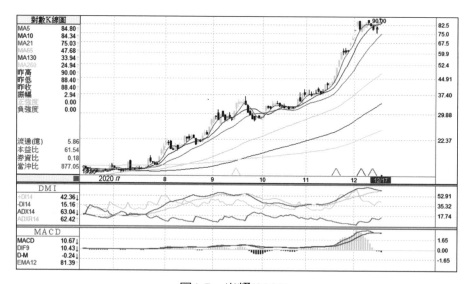

圖1-5　光耀(3666)
資料來源：精誠富貴贏家2000

光耀在2020年7月分，DMI與MACD指標都產生了突破訊號，我在股價16元附近時買進，爾後一路上漲到90元，我直到12月分還持續抱牢中。

圖1-6　中興電(1513)
資料來源：精誠富貴贏家2000

　　中興電在2020年8月時RSV值來到了100，隨後我等到股價回檔時開始找支撐點附近買進，股價從33元附近上漲到52元左右時全部賣出。

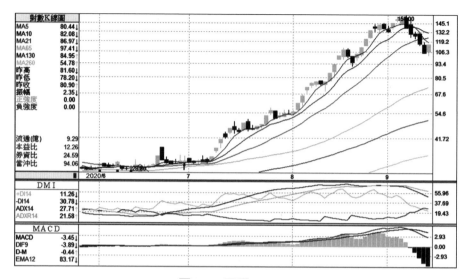

圖1-7　圓展(3669)
資料來源：精誠富貴贏家2000

　　圓展在2020年6月分時DMI與MACD指標也同時出現了買進訊號，
隨後從30元附近上漲到158元，我則是在股價約145元時全部賣出。

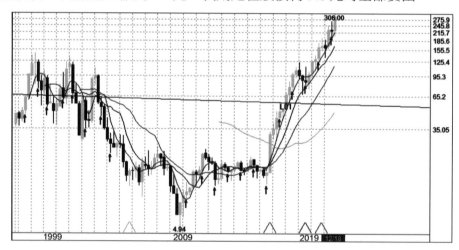

圖1-8　智邦(2345)
資料來源：精誠富貴贏家2000

我將智邦在2003年9月的高點33.8元與2016年3月的高點39元連成一條頸線，而在2016年7月已經突破頸線的位置，因此依照六合神功的型態學來看，我預測的這支股票未來股價的最小漲幅會落在320元。

圖1-9 台積電(2330)
資料來源：精誠富貴贏家2000

　　我們將台積電在2000年12月分的高點122與2015年3月的高點155連成一條頸線，而在2016年9月已經突破頸線的位置，因此依照六合神功的型態學來看，我預測的這支股票未來股價的最小漲幅會落在650元。

| 買賣力量的變化──K線 |

K線又稱為陰陽線，由開盤價、收盤價、最高價及最低價所組成，是自古以來每位投資者都不可或缺的工具，因此在技術分析中，K線一直扮演著舉足輕重的角色。

（一）K線的意義

股價是買方與賣方對未來走勢看法不一時所決定的價格，並且買方的利益即是賣方的損失、賣方的利益即是買方的損失，在每筆交易中都含有買與賣互相牽引的關係，就因為這種關係，使得K線變幻莫測，不管是紅棒、黑棒、十字線……等，都有其意義存在。

K線主要的用意在於將行情表現在K線的變化上，以推測行情未來的走勢。至於未來行情會受何種因素影響，恐怕誰也不知道。因此，K線的精髓在於自K線的變化中，推測出行情未來的變化而已，至於以下提到的每一種K線觀念，只能說多數如此，卻並不是絕對的，但可以肯定這些觀

念對讀者以後判斷K線有很大的幫助。

1.K線的畫法

K線的畫法，是依股票交易期間的開盤價(O)與收盤價(C)，用實體的紅黑線表現出來；並把最高價(H)與最低價(L)，用虛體的影線表現出來。步驟如下，參考圖2-1：

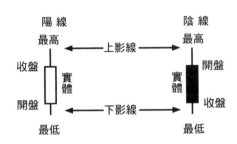

例子

圖2-1　K線的畫法
資料來源：作者整理

(1) 依開盤與收盤的價格，各畫一條橫線。若收盤價高於開盤價時，收盤價在上，開盤價在下；反之，開盤價高於收盤價時，開盤價在上，收盤價在下。

(2) 把前一步驟的開盤價與收盤價兩端連起來，形成一個長方形實體。收盤價高於開盤價時，此實體便塗上紅色，稱為「紅K線」，也就是書上的灰色實體及白框；反之，收盤價低於開盤價時，此實體

便塗上黑色，稱為「黑K線」，也就是書上的黑色實體。如果開盤價跟收盤價位於同一價格時，則為一橫線，稱之為「十字線」。

(3)若有最高價與最低價時，則在開盤價與收盤價的上、下各一點，然後用直線連接起來，成為上下影線。上影線的頂點為最高價；下影線的低點為最低價。

2.K線的功能

(1)K線的目的在於研判多空、表達力道及顯示轉折，使投資人能夠掌握股價漲跌的脈動，並與成交量相配合，明確的預估股價未來的壓力及支撐位置，做為買賣依據。

(2)經由K線的圖形，進一步了解買賣雙方的競爭情況，作為股票進出的參考。

(3)將K線的收盤價、最低價或最高價連結成一條上升或下降軌道的趨勢線，以便了解目前趨勢的走勢方向，進一步預測未來股價的演變方向。

(4)K線顯示日、週或月股價的上下變動趨勢，敏感且精確的標示出買賣雙方實際力量的增減與轉變過程。

（二）K線的結構

以下將分兩個部分說明：1.單一K線；2.組合K線。

1.單一K線

單一K線主要是依據K線實體的長短與陰陽性價，以及上下影線的長短，來判斷該K線多空雙方力量的對比，從而對行情做出推測。

一般而言，K線實體代表多頭與空頭氣勢的強與弱。若紅色體越大，

代表多頭氣勢強盛，也是買盤的所在；反之，若黑色實體越大，代表空頭氣勢強盛，也是賣盤的所在。

　　同樣的，K線的上下影線也代表著多空的強與弱。上影線是空方的最後一道防守關卡，上影線越長，表示上檔的壓力越大，故股價在上漲過程中，頻頻出現上影線，且上影線大於當日K線實體一倍以上時，表示空頭在高檔打壓，股價即將回檔。反之，下影線是多方的最後一道防守關卡，下影線越長，表示下檔的支撐越大，故股價在下跌過程中，頻頻出現下影線，且下影線大於當日K線實體一倍以上時，表示多頭在下檔防守，股價即將反彈。由圖2-2的K線形態，力量由外而內縮減（紅K線代表多頭，黑K線代表空頭）：

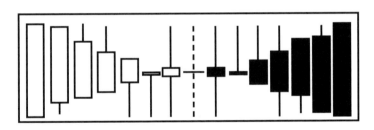

圖2-2　K線代表的力量強弱
資料來源：作者整理

(1) 單一K線的關鍵重點

　　A. 中期轉折角度：長紅、黑用來研判多空力量的變化與成長，除了搭配外也要考慮到當時的背景。

　　B. 短期轉折角度：高點與低點顯示短線力道，K線長度並不是最重要的特點，時間也僅考慮三到四天之內。

　　C. 中期：短空轉折關鍵K線。

D.關鍵重點：上漲需要有追高意願的買盤；下跌僅需要買盤不濟就可以。

(2) 單一K線的型態

　　K線是每天多空交戰所留下的結果，不同形態單一K線代表的意義如下：

A. 無上下影線的紅K線

　　a.長紅線：為單一K線中最重要的K線之一，要能稱上長紅線至少實體部分要大於5％以上，才能算是一根不折不扣的長紅線。長紅線的位置不一樣，所代表的意義就不一樣。以下為各位探討：

　　　(a)長紅線在65日均線之下時：股價經過一段下跌之後，在65日均線之下出現了一根長紅線，通常是多頭的買進訊號，表示多頭要企圖反攻，投資者可在底部第一根長紅線做買進，並且以長紅線的最低點作停損點。

　　　(b)長紅線向上貫穿65日均線時：表示主力利用長紅線來突破盤整格局，以宣示多頭的決定性勝利，最值得把握機會，全力加碼買進，因為股價還有上漲一段的能力。

　　　(C)長紅線在65日均線之上時：在65日均線之上，若出現了一根長紅線，暗示市場的氣勢即將耗盡，因為在經過一段上漲趨勢後，再出現一根長紅線並不是一個好的訊號，倒是有可能即將見高點的時候了，要特別注意，不要去追高，通常容易受傷，這就是所謂的「不見長紅不回頭」。

　　b.中紅線：其買賣力道僅次於長紅線，實體部分介於2%~5％之間。

c. 小紅線：小紅線的產生表示漲跌幅很小，因此力道並不強，只是多頭氣勢壓過空頭氣勢，其實體部分小於2%。

長紅線　　　　中紅線　　　　小紅線

圖2-3　無上下影線的紅K線
資料來源：作者整理

B. 無上下影線的黑K線

a. 長黑線：和長紅線一樣，為單一K線中最重要的K線之一，要能稱上長黑線至少實體部分跌幅要大於5%以上，才能算是一根不折不扣的長黑線。和長紅線一樣，長黑線所在的位置不同，所代表的意義就不同。以下為各位探討：

(a) 長黑線在65日均線之下時：股價經過一段下跌之後，若在65日均線之下出現了一根長黑線，為趕底訊號，通常股價即將見底，但還不是一個買進訊號，因為趨勢並未轉好，需配合其他的技術分析有轉多買進訊號時，再布局。

(b) 長黑線向下貫穿65日均線時：表示趨勢已經確定反轉，股價還有下跌一段的能力，應該將手中的持股出清，千萬不要再留戀，以防賣壓接踵而至，若來不及走，將會受到極大的創傷。

(c) 長黑線在65日均線之上時：股價經過一段上漲之後，來到65日均線之上，將達波段滿足點。此時，若出現了一根長

黑線，暗示市場的氣勢耗盡，應該開始停止買進並出脫持股的動作，若配合巨量，通常是波段的起跌點。

　　b.中黑線：其買賣力道僅次於長黑線，實體部分介於2%~5％之間。

　　c.小黑線：小黑線的產生表示漲跌幅很小，力道並不強，只是空頭氣勢壓過多頭氣勢，其實體部分小於2%。

C.紅蠟燭

　　為留有上影線的紅K線，上影線小於實體的1/3以下，此上影線表示多頭在反攻時，過到了壓力，出現震盪走勢。上影線的最高點三日不被突破表示短多受阻，若突破上影線表示短線轉強，可再加碼。

　　a.在65日均線之下時：意義和長紅線相同，為攻擊的訊號，只是收盤無法以最高價收盤，表示遇到當沖獲利賣壓或解套壓力。

　　b.在65日均線之上時：股價經過一段上漲之後，在65日均線之上，若出現了紅蠟燭，暗示市場的先知先覺者已在出貨，因此留有較短的上影線。

圖2-4　紅蠟燭
資料來源：作者整理

D.黑蠟燭

　　為留有上影線的黑K線，上影線小於實體的1/3以下，表示上檔賣壓很重，多頭力爭上攻，上漲遭受空頭打壓，短線必須重新測試下檔支撐，但未跌破支撐，不可依此單一K線斷定後市轉弱。

a.在65日均線之下時：通常是將要見底的訊號，但還不是一個買進訊號，因為趨勢並未轉好，等到有轉多的買進訊號時再買進。

b.在65日均線之上時：在股價上漲一段之後，出現了一根黑蠟燭，意義和長黑線相同，是反轉向下的訊號，在黑蠟燭上影線未攻過之前，不宜翻多買進。

圖2-5　黑蠟燭
資料來源：作者整理

E. 有下影線的紅K線

主要是經向下測試支撐後，短線確認支撐，只要下影線最低點或實體中紅的1/2不被跌破，會有持續上攻的能力。此下影線表示下檔買盤強勁，多頭開始轉強，買方占上風。如果在整理型態或者長期跌勢後，出現此K線時，為上漲的前兆，而且下影線越長，往上攻的力道就越強。

圖2-6　有下影線的紅K線
資料來源：作者整理

F. 有下影線的黑K線

主要是經多空拉鋸掙扎的走勢，多頭想止住跌勢，但力道尚不足，下影線的最低價為關鍵點，還沒被跌破時會持續掙扎，若被跌破則短線轉弱，投資人需作停損。此下影線表示下檔有買盤支撐，但空方占上風。如在跌勢盤出現此K線，則為反彈前兆，且下影線越長，反彈力道就會越強。若在高檔出現時，有可能轉趨盤整或下跌，應密切注意往後發展。

圖2-7　有下影線的黑K線
資料來源：作者整理

G.陀螺線(紡錘線)

　　即俗稱的「紡錘線」。是除了短小紅色實體或黑色實體體外，還同時擁有上下影線的K線，為單一K線中最複雜的K線。實體的部分，如果收盤比開盤高，是紅實體，稱為「陽線紡錘線」；如果收盤比開盤低，是黑實體，稱為十字線「陰線紡錘線」。

　　以紡錘線來說，紡錘線的實體是紅、是黑，並沒有太大關係，因為開盤價與收盤價之間，相差不遠。至於上下影線呢？不管是上影線比下影線長或者是下影線比上影線長，都無所謂。只是，至少上影線或下影線之一，大約須比實體長2~3倍。而如果上下影線，都比實體長2~3倍，就是更典型的紡錘線了。

　　紡錘線代表多空拉距的中性狀態，主要是出現在趨勢不明朗或橫向走勢的行情中。也就是說，若出現的位置與時間不對，則為無效的K線。有兩種判斷模式：

a.當紡錘線出現在頭部時，表示趨勢將由多轉空，屬於見頂回落的賣出訊號。

b.當紡錘線出現在底部時，表示趨勢將由空轉多，屬於觸底反彈的買進訊號。

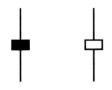

圖2-8　陀螺線
資料來源：作者整理

H. 鎚子（鐵槌線）

　　經過一段下跌**趨勢**後，某天順勢開低，當到達某低點時，股價開始反轉上攻，到收盤時收在當天相對高價，因此留有長長的下影線，且下影線至少是實體部分的2~3倍，這就是「鐵鎚線」，有止跌回升的機會。可分為兩種，如果收盤價高於開盤價稱為「陽線鐵鎚線」；收盤價低於開盤價則稱為「陰線鐵鎚線」，而陽線鐵槌線比陰線鐵鎚線更為強勢。因此當鐵鎚線出現時，表示盤勢正在試探底部，空方應要有所防備。

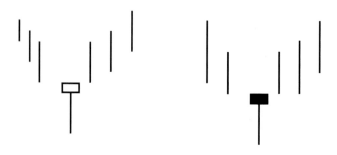

圖2-9　鎚子（鐵鎚線）
資料來源：作者整理

I. 吊首線

　　經過一段上漲**趨勢**後，某天向下開低，然後拉升並已近高價收盤，因此留有長長的下影線，且下影線至少是實體部分的2~3倍，這就是「吊首線」。吊首線的出現，表示市場可能開始出現賣壓，是主力出貨的徵兆，因此**趨勢**即將反轉向下，多方應要謹慎小心。

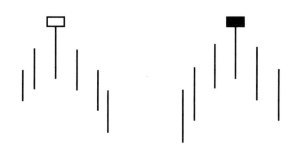

圖2-10　吊首線
資料來源：作者整理

J.倒狀鎚子

　　此為吊首線的相反。一段下跌趨勢後，某天開低，便延續
趨勢往下走，盤中企圖往上拉升，但由於空頭氣盛，使得盤勢
又回到與開盤時相差不遠的地方，因此留下長長的上影線（大
約是實體的2~3倍）與實體短小的陰陽K線。倒狀鎚子所表示
的買進訊號並不強烈，仍需要進一步確認，操作上要提高警
覺，小心應對。投資人要注意的地方是，在型態之跌幅滿足點
出現倒狀鎚子，則可能是一個買進訊號。

圖2-11　倒狀鎚子
資料來源：作者整理

K. 避雷針

　　即俗稱的「流星」。一段上漲趨勢後，某天開高後便一路往上攀升，然而就在高點之際，忽然有如遭受大舉反壓，盤勢一路往下急殺，收盤價與開盤價相差不遠，因此留下長長的上影線(大約是實體的2~3倍)與實體短小的陰陽K線，是高檔止漲的反轉訊號。避雷針的出現，暗示著強烈的賣出訊號，表示空頭已兵臨城下，即將大舉反攻。有兩種判斷模式：

a. 避雷針表示短線上漲無功而返，是賣點。雖然短線賣壓沒很重，但須整理後才會再上攻。

b. 出現避雷針同時伴隨著大量、巨量，則股價反彈皆可先逢高賣出。

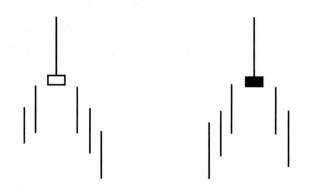

圖2-12　避雷針
資料來源：作者整理

L. 墓碑棒

　　和蜻蜓十字恰巧相反，為開盤價等於收盤價，且只有上影線的K線。有兩種判斷模式：

a. 經過一段上漲趨勢後，若出現了墓碑棒，表示高檔賣壓重重，是回檔的前兆，為賣出訊號。

b. 經過一段下跌趨勢後，若出現了墓碑棒，比較無法判斷其意義，應該多加確認，等到有適當訊號後再做動作（下跌過程出現墓碑十字有可能是壓低出貨的現象，因此低檔出現墓碑十字需配合型態，否則勿輕舉妄動）。

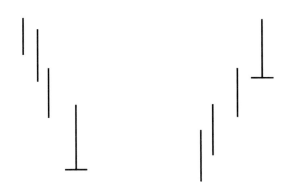

圖12-15　墓碑棒
資料來源：作者整理

M. 十字線

此為開盤價等於收盤價，且留有上下影線的K線，表示多空力道不相上下，因此為反轉或變盤的前兆，若上下影線很長(線是實體部分的三倍)，則趨勢可能會反轉；反之，若上下影線短(線小於實體部分)，則趨勢陷入盤整。有三種判斷模式：

a. 在65日均線之上時：重點在下影線的最低點，如果次日在下影線的下方收盤，表示行情將止漲下跌，趨勢將反轉向下，由多翻空，是賣出訊號。特別是在一根長紅線之後，出現十字線，不論十字線是位在長紅線的實體之內，或是位在實體

之上，都是頭部的象徵。若是出現了兩根十字線，則它們常常被視為是**趨勢**的分水嶺。

b.中途十字線：股價上漲中途或下跌中途，出現十字線，其後仍沿著原方向進行，此十字線乃中途十字線，通常後市仍有相等的漲幅或跌幅。

c.在65日均線之下時：重點在上影線的最高點，若次日出現強勁有力的長紅線，並在上影線的上方收盤，表示行情將見底反彈，**趨勢**將反轉向上，由空翻多，是買進訊號。

圖2-13　十字線
資料來源：作者整理

◎十字線的特徵：

1.十字線是一個多空力道對決均衡的現象。

2.通常會出現在漲多或跌深的位置。

3.十字線有四種：上下影線都很短(代表多空均衡)、上下影線都很長(代表多空激戰)、上影線較長的(代表壓力沉重)、下影線較長的(代表有強力支撐)。

4.十字線屬於中繼或轉折的意思。

5.上下影線都很短的，具有較強的轉折跡象。

6.上下影線都很長的，多空雙方較不易判斷，最後勢均力敵，必須看未來哪方的力道較強才能判斷多空。

N.蜻蜓十字

　　此為開盤價等於收盤價，有一點上影線和長下影線的K
線，通常為趨勢的轉折點。有兩種判斷模式：

a.主力壓低出貨不順所產生的K線，主力有出貨的意念，因此
　投資者需逢高拔檔。

b.主力震盪洗盤所產生的K線，爾後的走勢，應在蜻蜓十字之
　上與之下來決定買進訊號或逃命線。

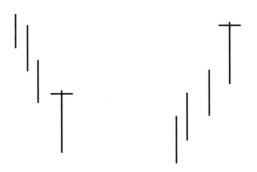

圖2-14　蜻蜓十字
資料來源：作者整理

O.四價合一

　　屬於非常極端型，不是多頭最強勢（開盤跳空漲停板一價
到底）；就是空頭最強勢（開盤跳空跌停板一價到底）。表示無
法以開盤、最高、最低、收盤四價位來判斷當天的多空力道，
因此：

a.如果股價處在跳空上漲過程中，沒有明確賣出訊號出現前，
　不必急於賣出。

b.如果股價處在跳空下跌過程中，沒有明確買進訊號出現前，
　不必急於承接。

圖2-16　四價合一
資料來源：作者整理

<u>2.組合K線</u>

是由兩根K線或兩根以上K線所組成，並可將其合併成一根K線來判斷趨勢的多空，稱為「結合線形」。此處分(1)兩根K線；(2)三根及三根以上K線來說明：

(1)兩根K線

A.烏雲罩頂

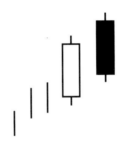

圖2-17　烏雲罩頂
資料來源：作者整理

一段上漲趨勢之後，出現兩根K線，第一天順應趨勢，拉出一根中長紅K線，第二天開盤跳空大漲，但隨後向下盤跌，收盤時收盤價低於昨天紅K線實體的中點（一半）以下，形成中長黑K線。由於第二日收盤跌入前一日中長紅K線的中點（一半）以下，顯示出空方力道增強或是多單了結的力量超出了追多的力量，使今日進場作多的投資人紛紛慘遭套牢，如果又伴隨著大的成交量，則後市堪憂。因此，<u>烏雲罩頂屬於空頭的反轉型態，為明確的賣出訊號。注意尤其在創新高後，開高走低下跌，出現中長黑K線，為明確反轉訊號，並若為波浪理論第五波時（見第五章），則更為確立。否則須待三天不創新高，才能判斷為此波結束。</u>

結合線形解析：<u>烏雲罩頂可組合成一根流星線，由於上升趨勢受挫，象徵趨勢即將反轉向下，因此，應逢高出脫手中持股並可反手融券放空。</u>

B.覆蓋線

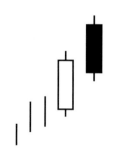

圖2-18　覆蓋線
資料來源：作者整理

　　一段上漲趨勢之後，出現兩根K線。第一天順應趨勢，拉出一根中長紅K線，第二天開盤跳空大漲，但隨後向下盤跌，收盤時，收盤價位於昨日中長紅K線實體中點（一半）以上，形成一根黑K線。由於第二天收盤跌入前一日中長紅K線的實體之內，顯示出空方力道轉強，或是多單了結的力量超出了追多的力量，但不如烏雲罩頂那麼強烈。因此，覆蓋線所代表的意義是，若黑色實體覆蓋紅色實體越多，反轉下跌的機會就會越高。

　　結合線形解析：覆蓋線可組合成一根帶有上影線的紅K線，表示上漲遇到阻力，若上影線越長，實體越小，趨勢就越可能反轉，因此應隨時注意後市發展，當賣出訊號出現時，即應出脫手中持股。

C. 孕育線

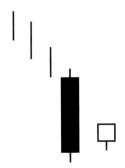

圖2-19　孕育線
資料來源：作者整理

　　一段下降趨勢之後，出現兩根K線。第一天為一根順勢的中長黑K線；第二天反而向上開高，並持續往上攀升，收盤收在昨日實體一半以下，使得第二天的K線完全在昨日收盤價之上與昨日實體一半以下，形成一根小K線。由於兩根K線合起來看就像是個懷孕的孕婦，因此命名為「孕育線」，表示趨勢即將生變轉折，為打底反轉的訊號，若有明確的買進訊號，即可承接買進。

　　結合線形解析：孕育線可組合成一根留有下影線的黑色K線，此型態象徵空頭趨勢即將轉折，是止跌訊號，反彈的前兆，下影線越長反彈的力道越強，當該型態出現時，作空投資人宜採取保守的策略。

D.駝背線

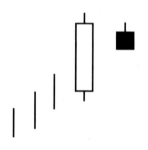

圖2-20　駝背線
資料來源：作者整理

　　一段上升趨勢之後，出現兩根K線，第一天為一根順勢的長紅K線；第二天反而向下開低，並隨後往下盤跌，收盤收在昨日實體一半以上，使得第二天的K線完全在昨日收盤價之下與昨日實體一半之上，形成一根小K線。由於兩根K線合起來看就像是個駝背的人，因此命名為「駝背線」。駝背線表示趨勢即將生變，為作多反轉的賣出訊號，應逢高出脫手中持股。

　　結合線形解析：駝背線可組合成一根留有上影線的紅色K線，此型態象徵多頭趨勢即將轉折，是止漲訊號，回跌的前兆。上影線越長回跌的力道越強，當該型態出現時，投資人宜採取逢高出脫持股的策略。

E.吞噬

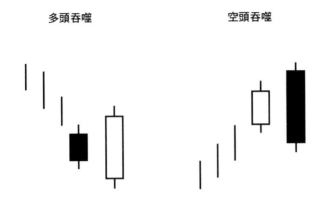

多頭吞噬　　　　　　　空頭吞噬

圖2-21　多頭吞噬與空頭吞噬
資料來源：作者整理

a.多頭吞噬（陽線吞噬）：經過一段下跌**趨勢**後，出現兩根K線。第
一天是一根量不大的黑K線，第二天為一根帶量的長紅K線，並且
開盤價低於昨天黑K線的收盤價；收盤價高於昨天黑K線的開盤
價，使得第二天的實體完全的吞噬了第一天的實體。

由於下降**趨勢**已有所支撐，表示趨勢即將反轉向上，屬於明確
的買進訊號，更進一步來說，如果第二天的實體，連第一天K線的
上下影線都包含的話，那麼訊號就更為強烈。

b.空頭吞噬（陰線吞噬）：經過一段上升**趨勢**後，出現兩根K線。第
一天是一根量不大的紅K線，第二天為一根帶量的長黑K線，並且
開盤價高於昨天紅K線的收盤價，收盤價低於昨天紅K線的開盤
價，使得第二天的實體完全的吞噬了第一天的實體，又稱為「最後
的擁抱」。由於上升趨勢已受挫，表示趨勢即將反轉向下，屬於明
確的賣出訊號。同樣意思，如果第二天的實體，連第一天K線的上
下影線都包含的話，那麼訊號就更為強烈。

結合線形解析：多頭吞噬可組合成一根紅色鎚子線，空頭吞噬可組合成一根黑色流星線，吞噬為*趨勢*的反轉型態，若搭配良好的成交量時，反轉則更加確立。多頭吞噬屬於明確的買進訊號，投資者應拉回不破支撐，建立基本持股；而空頭吞噬屬於明確的賣出訊號，投資者應逢高出脫手中持股。

F.觸頸線

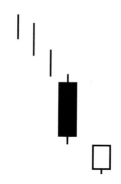

圖2-22　觸頸線
資料來源：作者整理

和貫穿線類似（貫穿線在後面有詳細說明），只是未充分發展而已。經過一段下跌*趨勢*後，出現兩根K線。第一天是一根中長黑K線，第二天是一根紅K線，而且收盤價剛好等於昨天中長黑K線的最低點。

由於觸頸線的紅K線並沒有貫穿線的紅K線強勁，因此*趨勢*並未反轉，*趨勢*持續下降的力道還是很大。

結合線形解析：觸頸線可組合成一根帶有長下影線的黑色K線，由於此K線具有空頭的意味濃厚，因此*趨勢*將沿著原來下降*趨勢*繼續下跌，有融券放空的投資者可持續抱牢手中持股。

G. 入頸線

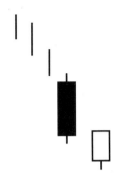

圖2-23　入頸線
資料來源：作者整理

　　也是貫穿線的未充分發展，和觸頸線的差異僅在於第二根K線的收盤價。入頸線第二天的收盤價必須稍微進入前一天K線實體裡面，也就是入頸線的第二天收盤價比觸頸線第二天的收盤價高，但是幅度並不大。如果第一天的收盤價是最低點，那麼入頸線與觸頸線便幾乎相同。趨勢和觸頭線一樣，持續下降的力道還是很大。

　　結合線形解析：和觸頸線一樣，入頸線可組合成一根帶有長下影線的黑色K線，由於此K線具有空頭的意味濃厚，因此趨勢將沿著原來下降趨勢繼續下跌，有融券放空的投資者可繼續抱牢手中持股。

H.戳進線

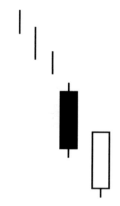

圖2-24　戳進線
資料來源：作者整理

　　也類似貫穿線，並與覆蓋線相反，力道比觸頸線及入頸線強勁，但是第二天的收盤價並未超過第一天K線實體的中點（一半）以上。由於收盤價並未超過實體中點（一半）以上，因此代表反彈失敗，使得多頭不敢追價，買盤縮手，趨勢還是會往下發展。

　　結合線形解析：戳進線可組合成一根帶有長下影線的黑色鎚線，雖然為一根鎚線，但是收盤價並未超過前一日K線的中點（一半）以上，因此和觸頸線、入頸線一樣（註：戳進線、入頸線、觸頭線都是下跌連續型態，若以多頭力道顯示：戳進線＞入頸線＞觸頸線），趨勢將沿著原來下降趨勢下跌，有融券放空的投資者可繼續抱牢手中持股。

I. 貫穿型態

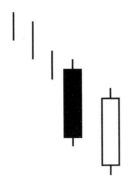

圖2-25　貫穿型態
資料來源：作者整理

　　與烏雲罩頂相反。一段下跌趨勢之後，出現兩根 K 線。第一天 K 線是持續下跌趨勢的中長黑 K 線，第二天 K 線是一根跳空開低的中長紅 K 線，並且開盤價低於第一天 K 線的最低價，收盤價在第一天 K 線的中點上方。由於今日收盤價超過前一日中長黑 K 線的中點（一半）以上，顯示買方力道大於賣方力道，有止跌回升的機會，但多頭氣勢仍需確認。

　　結合線形解析：貫穿型態可組合成一根紅色鎚子線，象徵盤勢處於探底、築底階段，需待支撐不破才可建立基本持股。

J.分離線

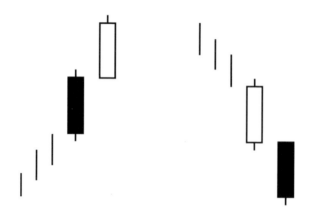

圖2-26　分離線
資料來源：作者整理

　　經過一段上漲或下跌趨勢後，出現兩根K線，兩根K線的開盤價相同，只是顏色相反。上漲時第一天是黑K線，第二天是紅K線，此為多頭隔離線；下跌時第一天是紅K線，第二天是黑K線，此為空頭隔離線。雖然在上漲趨勢出現了中長黑K線，但是第二天開盤後，價格不斷往上走高，並收在當天相對高點，表示趨勢並未中斷，還會沿著上升趨勢持續發展，下跌趨勢則反之。由於隔離線表示趨勢持續原來走勢，因此，回測時只要支撐不破，多頭隔離線可加碼手中持股，而空頭隔離線也可加碼融券放空。

　　結合線形解析：多頭隔離線可組合成一根留有下影線的紅色K線，表示多頭的延續，趨勢將繼續上漲；而空頭隔離線可組合成一根帶有長上影線的黑色K線，表示空頭的延續，趨勢將繼續下跌。

K. 會合線

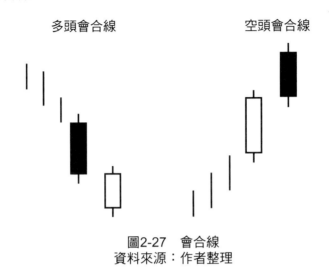

多頭會合線　　　　　　　　　空頭會合線

圖2-27　　會合線
資料來源：作者整理

　　俗稱「反攻線」。經過一段上漲或下跌趨勢後，出現兩根K線，兩根
K線的收盤價相同，只是顯色相反。

a.多頭會合線（多頭反轉線）：經過一段下跌趨勢後，出現兩根K
線。第一天是一根中長黑K線，第二天向下跳空開低，但股價一路
往上走，最後收盤價等於昨天的收盤價。這顯示趨勢反轉的可能性
很高，如果第三天向上開高，表示多頭反轉訊號確認。

b.空頭會合線（空頭反轉線）：經過一段上漲趨勢後，出現兩根K
線。第一天是一根中長紅K線，第二天向上跳空開高，但股價卻一
路往下盤跌，最後收盤價等於昨天的收盤價。這顯示趨勢反轉的可
能性很高，如果第三天向下開低走低，表示空頭反轉訊號確認。

　　結合線形解析：多頭會合線可組合成一根長下影線的黑色K線，該型
態暗示跌勢已受到支撐，多方力量勝過空方，趨勢即將反轉向上；多頭會
合線可組合成一根長上影線的紅色K線，則該型態暗示漲勢已受阻，空方
力量勝過多方，趨勢即將反轉向下。

L.飛鴿歸巢

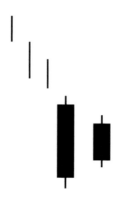

圖2-28　飛鴿歸巢
資料來源：作者整理

　　一段下跌趨勢後，出現兩根黑K線。第一天為一中長黑K線；第二天為一根中小黑K線，成交價完全包含於前一天的實體內，顯示跌勢已趨緩和。雖然飛鴿歸巢並沒有明確的反轉訊號，但表示底部已距離不遠，但仍須等待訊號出現，才知道趨勢未來方向。若隔日出現帶量長紅K線突破雙K，則可確認多空易位已扭轉趨勢，此時投資者可進場布局。

　　結合線形解析：飛鴿歸巢可組合成一根帶有下影線的長黑K線，象徵跌勢已趨緩和，需有買進訊號出現才可買進。

M.反撲

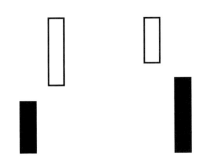

圖2-29　反撲
資料來源：作者整理

　　若跳空缺口不存在的話，將形成分離線的型態。可分兩種型態，分別為多頭反撲訊號及空頭反撲訊號，都是反轉型態：

a.多頭反撲訊號：第一天是一根長黑K線，第二天為一根向上跳空的長紅K線，因此三天內跳空缺口並未被回補的話，將會朝上漲趨勢發展。

b.空頭反撲訊號：第一天是一根長紅K線，第二天為一根向下跳空的長黑K線，因此三天內跳空缺口並未被回補的話，將會朝下跌趨勢發展。

　　結合線形解析：多頭反撲訊號可組合成一根帶有下影線的長紅K線，由於該K線具有多頭性質，趨勢將繼續往上發展；而空頭反撲訊號可組合成一根帶有上影線的長黑K線，由於該K線具有空頭性質，趨勢將往下發展。

N. 雙日反轉

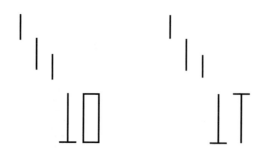

圖2-30　雙日反轉
資料來源：作者整理

　　在一段下跌趨勢後，出現了兩根極端對比的反轉K線，第一天是一根墓碑十字的K線，開盤就以向下跳空的方式下跌，形成竭盡缺口，表示空方力量已經竭盡；第二天是一根蜻蜓十字或是一根中長紅K線，表示開盤開高（平），然後再向下洗盤（向上急拉），收盤時以當日最高價作收。雙日反轉代表多頭的反撲，股價在兩天內，以相反的走勢呈現，如果第三天向上帶量開高並收紅時，則底部獲得確認，預期後市將有一波漲勢。

　　結合線形解析：雙日反轉可組合成一根中長紅K線，從長紅K線的意義中我們可以得知，長紅K線所在的位置不同，代表的意義就不同。若該型態所結合的長紅K線位於65日均線之下，就是多頭的買進訊號，表示多頭企圖反攻，投資人可留意，是進場的好時機。

O. 雙日殺手

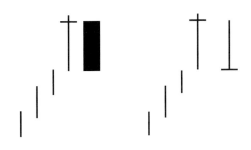

圖2-31　雙日殺手
資料來源：作者整理

　　在一段上漲趨勢後，出現了兩根極端對比的反轉K線。第一天是一根蜻蜓十字的K線，開盤就以向上跳空的方式上漲，盤中股價一度大殺，收盤卻又收在當日最高，表示主力在高檔第一次出貨；第二天是一根墓碑十字或是一根中長黑K線，表示開盤開低（平），然後再向上急拉（向下急殺），收盤時以當日最低價作收，表示主力在第一天並未出貨完畢，第二天再拉高一次，出清存貨。雙日殺手代表空頭的反撲，股價在兩天內，以相反的走勢呈現，如果第三天向下帶量開低並收黑時，使得前兩天買進的投資者套牢，則頭部獲得確認，預期後市將會重挫。

　　結合線形解析：雙日殺手可組合成一根中長黑K線，從長黑K線的意義中我們可以得知，長黑K線所在的位置不同，代表的意義就不同，若該型態所結合的長黑K線位於65日均線之上，暗示市場的氣勢耗盡，應該開始停止買進並出脫持股的動作。

P. 雙鎚打樁

圖2-32　雙鎚打樁
資料來源：作者整理

　　一段下跌趨勢後，出現了兩根鎚子線。第一天出現的鎚子線代表下降趨勢已受到支撐，有變盤的可能；第二天同樣出現鎚子線，且收盤價比第一天的收盤價高，即反轉訊號轉強，如果兩鎚子線之間有跳空缺口時，則反彈走勢更強。往後若出現中長紅K線，則趨勢反轉獲得確認。

　　結合線形解析：雙鎚打樁可組合成一根鎚子線，表示趨勢即將反彈轉強，若下影線越長，則反彈走勢將會越強。

Q. 並列天箭

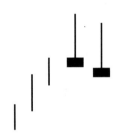

圖2-33　並列天箭
資料來源：作者整理

　　一段上漲趨勢後，出現了兩根避雷針。第一天出現的避雷針，且帶巨量時，代表上漲趨勢已受阻，有變盤的可能；第二天同樣出現避雷針，且收盤價比第一天的收盤價低，即反轉訊號轉強，如果兩根避雷針之間有跳空缺口時，則回檔走勢更強。往後若出現量縮的中長黑K線，則趨勢反轉獲得確認。

　　結合線形解析：並列天箭可組合成一根避雷針，表示趨勢轉弱即將回檔，上影線越長，則回檔走勢將會越強。

R.地價雙併

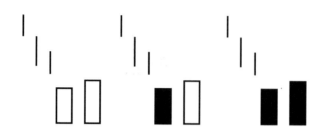

圖2-34　地價雙併
資料來源：作者整理

　　一段下跌趨勢後，出現兩根並排K線，並且最低價幾乎相同，此為地價雙併。可分為低檔雙紅、陰陽雙併、低檔雙黑。

　　a.低檔雙紅：在低檔若連續出現兩根中長紅K線，則為低檔雙紅。表示低點買盤已開始進場承接，多方反撲力道比空方的力道強勢。低檔雙紅顯示出低點有守，是趨勢出現反轉走強的訊號。

　　結合線形解析：低檔雙紅可組合成一根中長紅K線，從長紅K線的意義中我們可以得知，長紅K線所在的位置不同，代表的意義就不同，若該型態所結合的長紅K線位於65日均線之下，是多頭的買進訊號，表示多頭企圖反攻，投資人可留意進場的好時機。

　　b.陰陽雙併：在低檔若第一天為一根中長黑K線，第二天出現具有反轉訊號的K線，如中長紅、十字線、鎚子線……等，且兩根K線的最低點相同，則為陰陽雙併，為底部反轉的訊號。

　　結合線形解析：陰陽雙併可組合成一根鎚子，表示行情將見底反彈，趨勢將反轉向上，爾後再出現突破陰陽雙併的高點時，則由空轉多，是買進訊號。

c. 低檔雙黑：在低檔若連續出現兩根中長黑K線，則為低檔雙黑。表示低檔短期有支撐，底部即將成形。爾後有出現突破低檔雙黑的高點時，則反轉趨勢更強。

結合線形解析：低檔雙黑可組合成一根中長黑K線，從中長黑K線的意義中我們可以得知，中長黑K線所在的位置不同，代表的意義就不同，若該型態所結合的中長黑K線位於65日均線之下，為趕底訊號，通常股價即將見底，但還不是一個買進訊號，因為趨勢並未轉好，需配合其他的技術指標有轉多買進訊號時，再行布局。

S. 天價雙併

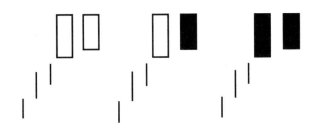

圖2-35　天價雙併
資料來源：作者整理

一段上漲趨勢後，出現兩根並排K線，並且最高價幾乎相同，此為天價雙併，是典型的短線壓力。可分為高檔雙紅、陰陽雙併、高檔雙黑。

a. 高檔雙紅：在高檔若連續出現兩根並排中長紅K線，其最高價相同，則為高檔雙紅，表示短期有壓力，爾後若出現中長黑K線跌破天價雙併的最低點時，則趨勢轉弱。

結合線形解析：高檔雙紅可組合成一根中長紅K線，從中長紅K線的意義中我們可以得知，中長紅K線所在的位置不同，代表的意義就不同，若該型態所結合的長紅K線位於65日均線之上，暗示市場的氣勢即將耗

盡，有可能即將看見高點，要特別注意，此時不要去追高，通常容易受傷，這就是所謂的「不見長紅不回頭」。

　　b.陰陽雙併：在高檔若第一天為一根中長紅K線，第二天出現具有反轉訊號的K線如中長黑、吊首線、流星線……等，且兩根K線的最高點相同，則為陰陽雙併，為頭部反轉的訊號。

　　結合線形解析：陰陽雙併可組合成一根流星線，表示行情將止漲下跌，趨勢將反轉向下，爾後再出現跌破陰陽雙併的低點時，則由多翻空，是賣出訊號。

　　c.高檔雙黑：在高檔若出現兩根並排中長黑K線，則為高檔雙黑。表示高檔賣壓沉重，空方氣勢強盛，多方反撲無力，若連續兩日高點不過，為趨勢走跌轉弱訊號，爾後再出現中長黑跌破高檔雙黑的低點時，則反轉趨勢更強。

　　結合線形解析：高檔雙黑可組合成一根中長黑K線，從中長黑K線的意義可以得知，中長黑K線所在的位置不同，代表的意義就不同，若該型態所結合的中長黑K線位於65日均線之上，暗示市場的氣勢耗盡，應開始停止買進並出脫持股的動作，若有大量出現，通常是波段的起跌點。

T. 盡頭線

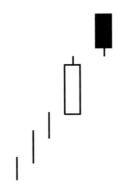

圖2-36　盡頭線
資料來源：作者整理

　　一段上漲趨勢後，出現兩根K線。第一天為一根留有上影線的紅K
線，第二天為一根留有下影線的K線，並且最低價不低於前一天的收盤
價，使得實體部分留有跳空。盡頭線是發生在一段上漲之後，表示買盤力
道已經不足，因此後市上攻幅度有限，若出現此線，一定要退出。

　　結合線形解析：盡頭線可組合成一根流星線，表示短線上漲無功而
返，暗示著強烈的賣出訊號，表示空頭已兵臨城下，即將大舉反攻。

U.鑷頭

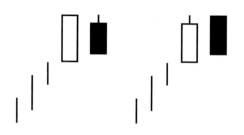

圖2-37　鑷頭
資料來源：作者整理

　　一段上漲趨勢後，出現兩根 K 線。第一天順應上漲趨勢，拉出一根中長紅 K 線；第二天，開盤後股價一路攀升，但隨後到達昨天高點後，賣壓接踵而至，收盤時收在當日最低點，形成一根帶有上影線的黑色 K 線，此為鑷頭，為反轉的型態。鑷頭的最大特色是，此兩根 K 線的最高點必須相等，表示高檔短期有壓力，頭部即將形成，為明確的賣出訊號。

　　結合線形解析：鑷頭可組合成一根帶有上影線的紅色流星線，若第二天收盤價更低時，更有可能出現墓碑線，因此從此型態中，可顯示出高檔賣壓重重，是回檔的前兆，因此為賣出訊號。

V. 鑷尾

圖2-38　鑷尾
資料來源：作者整理

　　一段下跌趨勢後，出現兩根K線。第一天順應下跌趨勢，形成一根中長黑K線；第二天，開盤後股價一路盤跌，但隨後到達昨天低點，買盤進場承接，收盤時收在當日最高點，形成一根帶有下影線的紅色K線，此為鑷尾，為反轉型態。鑷尾的最大特色是兩根K線的最低點必須相等，表示低檔短期有支撐，底部即將形成，若有明確買進訊號出現時，即可買進。

　　結合線形解析：鑷尾可組合成一根帶有下影線的黑色鎚子線，若第二天收盤價更高時，更有可能出現蜻蜓十字。從此型態中，可顯示出低檔有買盤支撐，是反彈的前兆，因此為買進訊號。

W. 低價配

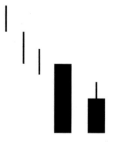

圖2-39　低價配
資料來源：作者整理

　　一段下跌趨勢後，出現兩根K線。第一天順應下跌趨勢，形成一根中長黑K線；第二天開盤後向上走高，但賣壓沉重，使得股價往下盤跌，最後收盤時，收盤價與前一天的收盤價相等，此為低價配，屬於反轉的型態。低價配的出現，代表著新低價受到測試，因此成為良好的支撐價位，只要有明確的買進訊號出現時，即可買進。

　　結合線形解析：低價配可組合成一根中長黑K線，從中長黑K線的意義中我們可以得知，中長黑K線所在的位置不同，代表的意義就不同，若該型態所結合的中長黑K線位於65日均線之下，為趕底訊號，通常股價即將見底，但還不是一個買進訊號，因為趨勢並未轉好，需配合其他的技術指標有轉多買進訊號時，再行布局。

X.最後吞噬頂（迴光返照）

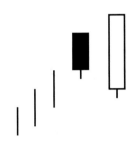

圖2-40　最後吞噬頂
資料來源：作者整理

一段上漲趨勢後，出現兩根Ｋ線。第一天為一根帶有下影線的黑色Ｋ線；第二天開盤後，股價以迅雷不及掩耳的速度向上拉升，收盤時收在當日最高點，形成一根中長紅Ｋ線，並且完全吞噬了第一天Ｋ線的實體，此為「最後吞噬頂」，為反轉的型態。最後吞噬頂為市場極樂觀時所造成的現象，特別是第二天的中長紅，使得一般散戶趨之若鶩，卻不知已身在懸崖邊，走投無路，若隔日收低，則可明確得知趨勢轉壞，行情即將由多轉空，此型態為「不見長紅不回頭」的最佳寫照。

結合線形解析：最後吞噬頂可組合成一根中長紅Ｋ線，從中長紅Ｋ線的意義中我們可以得知，若該型態所結合的中長紅Ｋ線位於65日均線之上，暗示市場的氣勢即將耗盡，有可能即將見高點的時候了，要特別注意，不要反而去追高，通常容易受傷，血本無歸。

Y. 最後吞噬底（黎明前黑暗）：

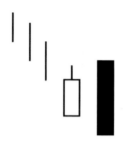

圖2-41　最後吞噬底
資料來源：作者整理

　　一段下跌勢後，出現兩根K線。第一天為一根帶有上影線的紅色K線；第二天開盤後，股價以迅雷不及掩耳的速度向下盤跌，收盤時收在當日最低點，形成一根中長黑K線，並且完全吞噬了第一天K線的實體，此為「最後吞噬底」，為反轉的型態。最後吞噬底為市場極悲觀時所造成的現象，特別是第二天的中長黑，使得一般散戶絕望殺出，卻不知柳暗花明又一村，黎明即將出現，若隔日收高，則可明確得知趨勢轉好，行情即將由空轉多。

　　結合線形解析：最後吞噬底可組合成一根倒狀鎚子線，由中長黑K線的意義中我們可以得知，若該型態所結合的中長黑K線位於65日均線之下，為趕底訊號，通常股價即將見底，但還不是一個買進訊號，因為趨勢並未轉好，需配合其他的技術指標有轉多買進訊號時，再行布局。

3.三根及三根以上K線

A.晨星

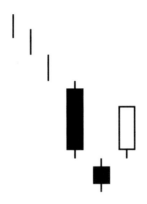

圖2-42　晨星
資料來源：作者整理

　　一段下跌趨勢之後，出現三根K線。第一天是一根中長黑K線；第二天出現了向下跳空的走勢，不論當日收紅或收黑，由於實體間存在著跳空缺口，因此都增強了原來趨勢的力量；不過第三天出現了變化，第三天開盤向上跳空，開高走高，形成中長紅K線，使得第二日的K線實體與第一天及第三天皆有跳空缺口的情形。進一步來說，若第二日的K線是十字線型態時，則稱為「晨星十字」；若第二日與第一日及第三日的跳空缺口連影線都跳空時，則稱為「孤島」。晨星的出現，暗示著市場已經由空翻多，後市不再看壞，為明確的買進訊號。

　　結合線形解析：晨星可組合成一根黑色鎚子線，是股價見底回升的多頭反轉型態，象徵趨勢轉強，屬於強烈的變盤訊號，應積極尋找買點介入。

B.夜星

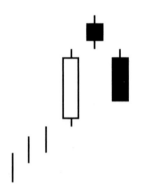

圖　2-43　夜星
資料來源：作者整理

　　一段上漲趨勢之後，出現三根K線。第一天是一根長紅K線；第二天出現了向上跳空的走勢，不論當日收紅或收黑，由於實體間存在著跳空缺口，因此都增強了原來趨勢的力量；不過第三天出現了變化，第三天開盤向下跳空，開低走低，形成長黑K線，使得第二日的K線實體與第一天及第三天皆有跳空缺口的情形。進一步來說，若第二日的K線是十字線型態時，則稱為「夜星十字」；若第二日與第一日及第三日的跳空缺口連影線都跳空時，則稱為「孤島」。夜星的出現，暗示著空頭大軍即將到來，為明確的賣出訊號。

　　結合線形解析：夜星可組合成一根紅色流星線，是股價見頂回跌的空頭反轉訊號，象徵趨勢轉弱，屬於強烈的變盤訊號，應積極尋找賣點出脫手中持股，並可反手融券放空。

C.三星

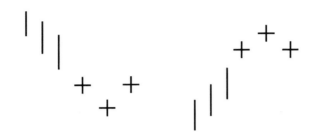

圖2-44　三星
資料來源：作者整理

　　主要由三根十字線所組成，是非常罕見的K線組合型態，因為並不能明確的知道未來走勢，因此當三星出現時，要有所防備，以因應未來走勢。有兩個要注意的地方：

　　a.三天皆為十字線。

　　b.第二天與前後兩天之間都有跳空缺口。

　　結合線形解析：三星可組合成一根陀螺線，顯示市場的不確定性，應有明確的買賣訊號才做行動，以免遭受損失。

D.下跌三黑（三烏鴉）

圖2-45　下跌三黑
資料來源：作者整理

一段下跌趨勢後，連續出現了三根長黑K線，此為下跌三黑，為強烈的趨勢轉空訊號，表示賣盤力量強勁，是股價暴跌的前兆，千萬不可輕忽。有三個要注意的地方：

a.收盤價每天創新低。

b.每天的開盤價均位於前一天的實體之內。

c.收盤價以當日相對低點或最低點作收。

結合線形解析：下跌三黑可組合成一根長黑K線，象徵賣盤強勁、頭部確立，短期壓力形成，屬於大跌訊號，應積極出脫手中持股並可反手融券放空。

E.三胎鴉

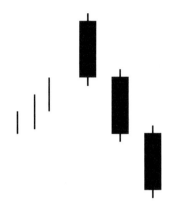

圖2-46　三胎鴉
資料來源：作者整理

　　為下跌三黑的強化型態，此型態蘊涵著恐慌性的賣壓，將造成股價再次下跌，差別在於開盤價都等於前一天的收盤價，因此向下趨勢比下跌三黑更為強勁。

　　結合線形解析：和下跌三黑一樣，三胎鴉組合成一根長黑Ｋ線，象徵賣盤力道更強、頭部確立，短期壓力形成，完全缺乏買盤挹注也是大跌的前兆，應積極出脫手中持股並可反手融券放空。

F.雙鴉躍空

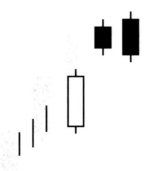

圖2-47　雙鴉躍空
資料來源：作者整理

　　經過一段上漲趨勢後，出現了三根K線。第一天順勢拉出一根中長紅
K線，使得多頭氣勢持續燃燒；第二天持續跳空上攻，但隨後趨勢反轉向
下，以相對低點作收，但是仍高於昨天收盤價，形成跳空缺口；第三天盤
勢再度向上跳空，但收盤時再度收黑，並吞噬了前一日的黑K線，但與第
一日的長紅K線仍有跳空缺口。由於多頭連續兩日的上攻無功而返，使得
多頭氣勢產生了轉弱的疑慮，而且發生島狀反轉的機率也隨之升高，多頭
應保持警覺，若趨勢反轉，為明確的賣出訊號 。

　　結合線形解析：雙鴉躍空可組合成一根帶有長上影線的紅色K線，雖
然並非一根明確的轉空訊號，但仍須有所提防，只要有島狀反轉的情形產
生，應立即出脫持股，以免遭受損失。

G. 獨特三河床

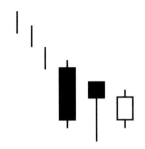

圖2-48　獨特三河床
資料來源：作者整理

　　這是很罕見的K線組合。　一段下跌趨勢之後，出現三根K線。第一天順勢開低走低，形成中長黑K線；第二天開盤後持續創新低，但收盤時卻以相對高點作收，形成長下影線的小黑K線；第三天為小紅K線，其實體位於第二天實體的下方。由於獨特三河床是罕見的K線組合，所以沒有多大的彈性，如果第二天的下影線愈長，則反轉的力道會越大、愈強烈。

　　結合線形解析：獨特三河床可組合成一根帶有下影線的黑色K線，若第二天的下影線夠長時（超過實體兩倍以上），則會形成一根不折不扣的鎚子線，代表著趨勢即將反轉向上，若有明確的買進訊號出現，即可買進。

H.內困三日翻紅

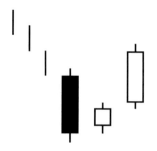

圖2-49　內困三日翻紅
資料來源：作者整理

　　為孕育線的確認。若前兩天為孕育線型態，當第三天為一根中長紅K線時，該型態就是內困三日翻紅，若第三天的成交量有明顯的放大時，該型態的成功機率更會大增。由於內困三日翻紅為多頭孕育線的進一步確認，表示趨勢即將翻多向上。

　　結合線形解析：內困三日翻紅可組合成一根多頭鎚子線，象徵趨勢將反轉向上，屬於多頭反轉型態。

I.內困三日翻黑

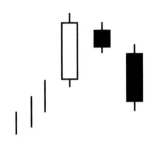

圖2-50　內困三日翻黑
資料來源：作者整理

為駝背線的確認。若前兩天為駝背線型態，當第三天為一根中長黑K
線時，該型態就是內困三日翻黑，又若第三天的成交量有明顯的放大時，
該型態的成功機率更會大增，由於內困三日翻黑是空頭駝背線的進一步確
認，表示趨勢即將翻空下殺。

結合線形解析：內困三日翻黑可組合成一根空頭避雷針，象徵趨勢
將反轉向下，屬於空頭反轉型態。

J.外側三日翻紅

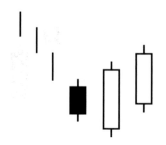

圖2-51　外側三日翻紅
資料來源：作者整理

為吞噬型態的確認。若前兩天為多頭吞噬型態，當第三天為一根中長紅K線時，該型態就是外側三日翻紅，由於為多頭吞噬的進一步確認，表示趨勢即將翻多向上。

結合線形解析：外側三日翻紅可組合成一根鎚子線，象徵著買進的力道超過賣出的力道，是強烈的變盤訊號。

K. 外側三日翻黑

圖2-52　外側三日翻黑
資料來源：作者整理

同樣為吞噬型態的確認。若前兩天為空頭吞噬型態，當第三天為一根中長黑K線時，該型態就是外側三日翻黑，由於是空頭吞噬的進一步確認，表示趨勢即將翻空下跌。

結合線形解析：外側三日翻黑可組合成一根留有上影線的黑色K線，象徵著賣出的力道超過買進力道，是強烈的變盤訊號。

L. 上漲三紅（紅三兵）

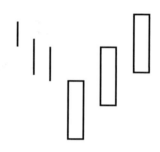

圖2-53　上漲三紅
資料來源：作者整理

一段下跌趨勢之後，連續出現了三根中長紅K線，此為上漲三紅，為多頭的強勁反轉型態、明確的買進訊號，千萬不可輕忽。有四個要注意的地方：

a. 收盤價每天創新高。

b. 每天的開盤價均位於前一天的實體之內。

c. 開盤價最好位於前一天實體一半以上。

d. 收盤價以當日相對高點或最高點作收。

結合線形解析：上漲三紅可組合成一根長紅K線，象徵買盤強勁，短期底部確立，並可作為回檔的支撐，屬於大漲訊號，可積極買進股票。

M. 大敵當前

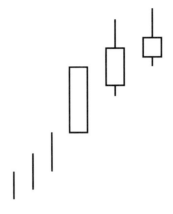

圖2-54　大敵當前
資料來源：作者整理

　　一段上漲趨勢之後，出現了三根K線。第一天是一根中長紅K線，第二天和第三天出現了相當長的上影線之小紅K線，並且第三天的收盤價比第二天的收盤價微微高出，長上影線表示獲利了結的賣壓大且向上的力道減弱，雖然收盤價仍都比前一天高，但是可以明顯看出，多方攻擊力道已受到抵抗，應採取保護措施。

　　結合線形解析：大敵當前可組合成一根帶有長上影線的中長紅K線，象徵買進力道轉弱，賣出轉強或主力借量出貨，屬於變盤反轉的訊號，應逢高出脫手中持股並反手融券放空。

N.步步為營

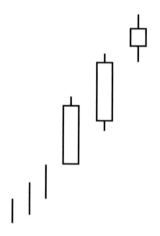

圖2-55　步步為營
資料來源：作者整理

　　一段上漲趨勢之後，出現了三根K線。第一天和第二天為中長紅K
線，第三天為紡錘線或星形。要注意的是第三天出現的是星形時，可能會
有夜星的K線組合出現，從上可知夜星表示趨勢即將反轉，因此當步步為
營出現時，表示趨勢在短時間內會轉弱，應注意爾後發展。

　　結合線形解析：步步為營可組合成一根紅蠟燭，從紅蠟燭的意義中
我們可以得知，若該型態所結合的紅蠟燭位別於65日均線之上，暗示市
場的氣勢即將耗盡，要特別注意不要追高，以免受傷。

O.南方三星

圖2-56　南方三星
資料來源：作者整理

　　一段下跌趨勢後，出現三根K線。第一天雖然是一根留有長下影線的黑K線，但是透露出低點已有人承接；第二天是一根開高走低的黑K線，但收盤價比前一天的收盤價還高；第三天為一實體黑K線，並被前一天的K線完全吞噬。南方三星的涵義是：下跌趨勢已趨於緩和，股價三天不創新低，底部愈墊愈高，空方應要有所收斂。

　　結合線形解析：南方三星可組合成一根帶有下影線的中長黑K線，象徵趨勢到此難以下降，可能反轉向上，也可能橫向整理一段時間，屬於弱勢多頭型態。

P. 三明治

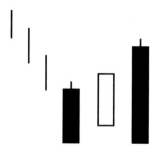

圖2-57　三明治
資料來源：作者整理

　　一段下跌趨勢後，出現了三根K線，分別為兩根中長黑K夾著根中長紅K線等，並且兩根中長黑K線的收盤價相等，由於兩根收盤價相等，表示低點已出現支撐，可能會有反轉的機會，但趨勢不會立即反轉向上，還要進一步確認。有三個地方要注意：

　　a. 第一天與第三天的收盤價要相等。

　　b. 第二天的收盤價要比前一天的開盤價還高。

　　c. 第一天及第三天的最低點為支撐點。

　　結合線形解析：三明治可組合成一根帶有上影線的黑色K線，此K線具有空頭的涵意濃厚，但仍須有明確的訊號才可做行動，若貿然行動，則容易受傷。

Q. 上肩帶缺口

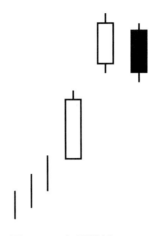

圖2-58　上肩帶缺口
資料來源：作者整理

　　經過一段上漲趨勢後，出現了三根K線。第一天的K線是延續上漲趨勢的中長紅K線，第二天順勢趨勢向上跳空形成一根紅K線，第三天是一根黑K線，開盤價位於第二天K線的實體之內，且收盤價低於第二天的最低價，要注意的重點是，第三天的收盤價是位於跳空缺口內，但是並未完全填補跳空缺口，表示趨勢並未中斷，因此上漲趨勢會持續發展。

　　結合線形解析：上肩帶缺口可組合成一根帶有上影線的紅色K線，此K線具有多頭的涵意濃厚，並且第三天的K線並未回補向上跳空缺口，因此，趨勢將沿著原來走勢，繼續往上攻堅。

R.並肩白線

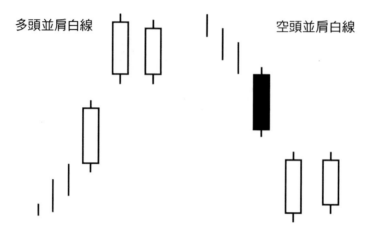

多頭並肩白線　　　　　　　　　　　空頭並肩白線

圖2-59　並肩白線
資料來源：作者整理

a.多頭並肩白線：一段上漲**趨勢**後，出現三根K線。第一天為順勢
開高走高的中長紅K線；第二天開盤向上跳空，並且往上盤升，最
後收盤收在當日相對高點，形成一根紅色K線：第三天也為一根紅
色K線，其開盤價大致與第二天之開盤價相同，且並未回補跳空缺
口。因為多頭並肩白線處於市場的上升**趨勢**，並形成跳空缺口，使
得市場的多頭氣勢更為強烈，因此**趨勢**將繼續往上發展。

b.空頭並肩白線：一段下跌**趨勢**後，出現三根K線，第一天為順勢開
低走低的中長黑K線；第二天開盤向下跳空，但隨後買盤捲注，使
得股價往上走升，收盤收在當日相對高點，但並未回補跳空缺口，
形成一根紅色K線；第三天和第二天一樣為一根紅色K線，其開盤
價大致與第二天之開盤價相同，並且也未回補跳空缺口。因為空頭
並肩白線處於市場的下降**趨勢**，且形成跳空缺口，使得市場的空頭
氣勢更為強烈，因此**趨勢**將繼續往下發展。

S. 下肩帶缺口

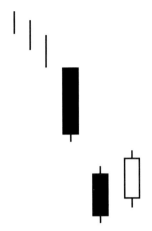

圖2-60　下肩帶缺口
資料來源：作者整理

　　此為上肩帶缺口的相反。經過一段下跌趨勢後，出現三根K線。第一天延續下跌趨勢的中長黑K線，第二天順應趨勢向下跳空形成一根黑K線，第三天是一根紅K線，開盤價位於第二天K線的實體之內且收盤價高於第二天最高價。要注意的重點是，第三天的收盤價，位於跳空缺口內，但是並未完全填補跳空缺口，表示趨勢並未中斷，因此下跌趨勢會持續發展。

　　結合線形解析：下肩帶缺口可組合成一根帶有下影線的黑色K線，此K線具有空頭的涵意濃厚，並且第三天的K線並未回補向下跳空缺口，因此，趨勢將沿著原來走勢繼續往下盤跌。

　　結合線形解析：多頭並肩白線可組合成一根中長紅K線，若該型態所結合的中長紅K線大約位於貫穿65日均線時，暗示市場的氣勢將繼續沿原方向往上進行，可在跳空缺口上方逢低加碼手中持股；而空頭並肩白線可組合成一根帶有下影線的黑色K線，該K線具有空頭的意味濃厚，暗示市場的氣勢將繼續沿原方向往下進行，可在跳空缺口下方加碼放空。

T. 棄嬰（孤島）

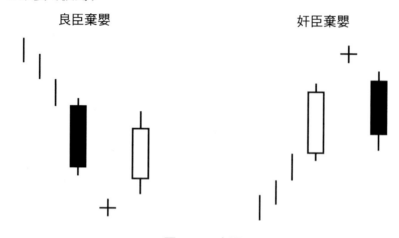

圖2-61　棄嬰
資料來源：作者整理

可分為兩種型態：

a.良臣棄嬰：為晨星十字的再確認。經過一段下跌趨勢後，出現三根
　K線。第一天順應下跌趨勢，形成一根中長黑K線；第二天為一根
　十字線，並和第一天之間有個跳空缺口；第三天向上開高，一路往
　上攻堅，收盤時收在當日相對高點，形成一根中長紅K線，並和第
　二天間也有個跳空口，此為「良臣棄嬰」。良臣棄嬰的出現暗示著
　市場已經由空翻多，後市不再看壞，為明確的買進訊號。

　　結合線形解析：良臣棄嬰可組合成一根黑色鎚子線，是股價見底回
升的多頭反轉型態，象徵趨勢轉強，屬於強烈的變盤訊號，應積極尋找買
點介入。

b.奸臣棄嬰：為夜星十字的再確認。經過一段上漲趨勢後，出現三根
　K線。第一天順應上漲趨勢，形成一根中長紅K線；第二天為一根
　十字線，並和第一天之間有個跳空缺口；第三天向下開低，一路往
　下盤跌，收盤時收在當日相對低點，形成一根中長黑K線，並和第

二天間也有個跳空缺口，此為「奸臣棄嬰」。奸臣棄嬰的出現，暗示著空頭軍即將到來，為明確的賣出訊號。

結合線形解析：奸臣棄嬰可組合成一根避雷針，是股價見頂回跌的空頭反轉訊號，象徵趨勢轉弱，屬於強烈的變盤訊號，應積極尋找賣點出脫手中持股，並可反手融券放空。

U.崩盤星形十字

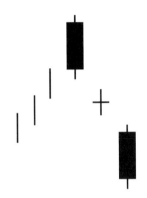

圖2-62　崩盤星形十字
資料來源：作者整理

一段上漲趨勢後，出現三根K線。第一天為一根陀螺線，可黑可紅；第二天為一根十字線，並和第一天之間有個向下的跳空缺口；第三天為一根黑蠟燭或紅蠟燭，並且和第二天間也有個向下的跳空缺口，此為崩盤星形十字。崩盤星形十字就有如其名稱一樣，是大跌的前兆，市場極弱現象，表示股市即將大跌。

結合線形解析：崩盤星形十字可組合成一根中長黑K線，從中長黑K線的意義中我們可以得知，若該型態所結合的中長黑K線位於65日均線之上，暗示市場的氣勢耗盡，應該開始停止買進並出脫持股的動作，若有大量出現，通常是波段的起跌點。

V.向上跳空三法

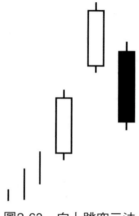

圖2-63　向上跳空三法
資料來源：作者整理

　　一段上漲勢後，出現三根 K 線。第一天順應上漲趨勢，拉出一根中長紅 K 線；第二天延續第一天的上漲趨勢，開盤後向上開高走高，形成一根中長紅 K 線並與第一天間有個向上的跳空缺口；第三天開盤後，股價風雲變色，勢向下盤跌，收盤時收在當日相對低點，形成一根中長黑 K 線，並且開盤價位於第二天的實體之內，收盤價位於第一天的實體之內，使得跳空缺口受到填補，此為向上跳空三法。由於向上跳空缺口遭受封閉，使得其走勢比上肩帶缺口弱，但趨勢仍會繼續往上。

　　結合線形解析：向上跳空三法可組合成一根避雷針，此 K 線在此所表現的意義為原趨勢的停頓，若未帶大量，趨勢將會繼續往上發展。

W.向下跳空三法

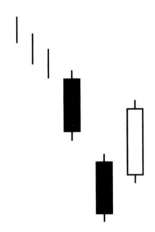

圖2-64　向下跳空三法
資料來源：作者整理

　　一段下跌趨勢後，出現三根K線。第一天順應下跌趨勢，形成一根中長黑K線；第二天延續第一天的下跌趨勢，開盤後向下開低走低，形成一根中長黑K線，並與第一天間有個向下的跳空缺口；第三天開盤後，股價撥雲見日，趨勢向上盤升，收盤時收在當日相對高點，形成一根中長紅K線，並且開盤價位於第二天的實體之內，收盤價位於第一天的實體之內，使得跳空缺口受到填補，此為向下跳空三法。由於向下跳空缺口遭受封閉，使得其走勢比下肩帶缺口強，但趨勢仍繼續往下。

　　結合線形解析：向下跳空三法可組合成一根黑色鎚子線，此K線在此所表現的意義為原趨勢的停頓，因此趨勢將會繼續往下發展。

X.三線反擊

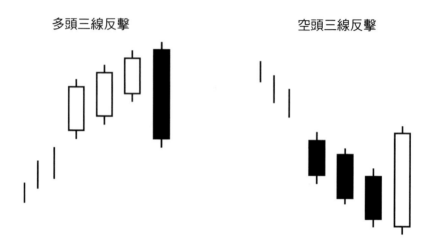

圖2-65　三線反擊
資料來源：作者整理

可分為多頭三線反擊與空頭三線反擊：

a.多頭三線反擊：為上漲三紅的延伸型態。經過一段上漲**趨勢**後，出現四根K線。前三天是由三根紅K線組成，第四天是一根長黑K線，在開盤時股價還持續創新高，但是隨後以迅雷不及掩耳的速度急挫，甚至低點比第一根K線的最低價還低，使得前三天的走勢，全部回歸原點。多頭三線反擊所表示的是休息或暫停的意思，因為休息在一天之內即告完成，**趨勢**還是會依原先的方向持續往上。

b.空頭三線反擊：為下跌三黑的延伸型態。經過一段下跌**趨勢**後，出現四根K線。前三天是由三根黑K線組成，第四天是一根長紅K線，在一開盤時股價順著昨天的走勢向下開低，但是隨後價格急拉彈升，甚至高點比第一根K線的最高點還高，使得前三天的跌勢，全被抵銷掉。空頭三線反擊跟多頭三線反擊一樣，表示**趨勢**休息或暫停的意思，爾後還是會依原先的方向持續往下發展。

結合線形解析：多頭三線反擊可組合成一根避雷針，因休息整理時間短暫，只用第四天的中長黑K線來分段落，在未帶大量前，將持續上漲趨勢；而空頭三線反擊可組合成一根鎚子線，因反彈時間短暫，只用第四天的中長紅來分段落，爾後持續下跌至滿足點為止。

Y.閨中乳燕

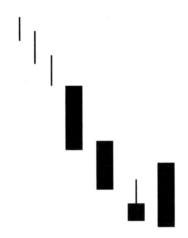

圖2-66　閨中乳燕
資料來源：作者整理

　　一段下跌趨勢後，出現四根K線。第一天及第二天為持續向下的中長黑K線；第三天趨勢開始變化，高點曾經突破前一天收盤價，雖然反攻失敗，但是表示多頭已開始反撲；第四天是一根開高走低的中長黑K線，並把第三天的K線完全吞噬，雖然仍持續創新低，但下跌趨勢已趨於和緩。由於下跌趨勢已趨於和緩，空方應要有所防備，不要再一昧的死空頭。

　　結合線形解析：閨中乳燕可組合成一根中長黑K線，從中長黑K線的意義中我們可以得知，若該型態所結合的中長黑K線位於65日均線之下，暗示趨勢即將要見底，但還不是一個買進訊號，因為趨勢並未轉好，若有轉多的買進訊號出現時，即可買進。

Z. 梯底

圖2-67　梯底
資料來源：作者整理

　　一段下跌趨勢後，出現五根K線。前三天為收盤價不斷創新低的中長黑K線；第四天為一根留有上影線的黑K線，表示多方開始反樸，但仍然功敗垂成；第五天一開盤便頭也不回的往上急攻，收盤價不只收在當天最高點，更比第二天及第三天的最高價還高，形成一根中長紅K線。由於出現中長紅K線，表示空方暫時棄守，趨勢暫時即將反轉向上，但未來趨勢仍需更進一步確認。

　　結合線形解析：梯底可組成一根鎚子線，象徵趨勢將暫時反轉，由於屬於短暫的型態，可先觀望，等有明確的訊號出現時，再做行動。

AA.上升三法

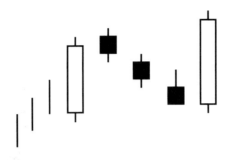

圖2-68　上升三法
資料來源：作者整理

　　經過一段上漲趨勢後，出現幾根K線。第一天是一根長紅K線，爾後幾天都是一群短小的小紅或小黑K線（大多為小黑K線），顯示遇到壓力，要注意的是這些小K線都是位於第一根長紅K線的最高價或最低價之間，而最後一根K線是一根中長紅K線（大約是第五天），開盤價位於第一天開盤價之上，並且收盤價創新高突破壓力。上升三法並不是趨勢的反轉型態，只是趨勢喘息、蓄積能量而已，可在此增加自己的投資部位。

　　結合線形解析：上升三法可組合成一根中長紅K線，象徵趨勢將繼續往上，屬於趨勢的中繼型態，其第二天、第三天及第四天的小K線，最主要用意在分段落而已。

AB.下降三法

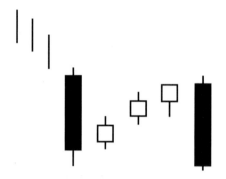

圖2-69　下降三法
資料來源：作者整理

是上升三法的相反。經過一段下跌趨勢後，出現幾根K線。第一天是
一根中長黑K線，爾後幾天是由一群短小的小紅或小黑K線組成（大多為
小黑K線），但要注意的是這些小K線都是位於第一根中長黑K線的最高
價跟最低價之間，而最後一根K線是一根中長黑K線（大約是第五天），
開盤價位於第一天開盤價之下，並且收盤價創新低。下降三法也不是趨勢
的反轉型態，只是趨勢處於盤整時期，表示會持續原來型態，多方應減少
持股。

結合線形解析：下降三法可組合成一根中長黑K線，象徵趨勢將繼續
往下，屬於趨勢的中繼型態，其第二天、第三天及第四天的小K線，最主
要用意在分段落而已。

AC. 執墊

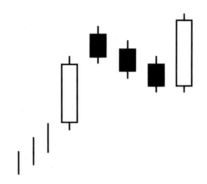

圖2-70　執墊
資料來源：作者整理

　　一段上漲趨勢後，出現了五根K線。第一天順勢開高，形成一根中長紅K線；第二天跳空上漲，但是遇到壓力向下盤跌，以小黑K線作收；第三天是小黑K線，收盤價更低並且在第一天的實體之內；第四天是小黑K線，開盤價跟收盤價都比前一天低，形成盤整格局；第五天開盤後向下回測低點，隨後以迅雷不及掩耳的速度往上拉升，創近期新高，形成一根中長紅K線。執墊為上升三法的變形，並且力道也比上升三法更強，因此將延續原來走勢，向上攀升，此型態為強勁上升的暫時停頓，可在此加碼買進。

　　結合線形解析：執墊可組合成一根中長紅K線，象徵趨勢強，繼續往上攻堅，屬於強勢的中繼型態，其第二天、第三天及第四天的小K線，最主要用意在分段落而已。

AD. 起跑

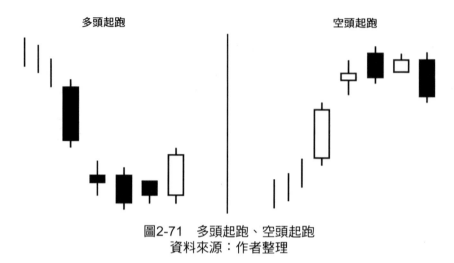

多頭起跑　　　　　　　　　　　　　　　空頭起跑

圖2-71　　多頭起跑、空頭起跑
資料來源：作者整理

可分為多頭起跑與空頭起跑：

a. 多頭起跑：一段下降**趨勢**後，出現五根K線。第一天順應下降趨
　勢，形成一根中長黑K線；第二天繼續順應**趨勢**，形成一根黑色陀
　螺線，並與第一天間有個跳空缺口；第三、四天，價格持續走低，
　到第四日為止，除了第三天的K線可紅可黑外，其餘三天均為黑K
　線；第五天開盤後，股價往上走高，收盤時收在第一天與第二天的
　跳空缺口內，形成一根中長紅K線，此為多頭起跑，屬於反轉的型
　態。多頭起跑代表著龐大賣壓而導致的超賣情況，使得**趨勢**不斷惡
　化，最後，一根逆勢上揚的中長紅K線完全消除了前幾天的價格行
　為，短期**趨勢**反轉即將發生。

結合線形解析：多頭起跑可組合成一根留有下影線的黑色K線，若下影線夠長時，更是一根不折不扣的鎚子線，表示盤勢探底即將完成，依雙K理論來說，其已突破雙K高點，買進訊號確立，即可買進。

b. 空頭起跑：一段上漲趨勢後，出現五根K線。第一天順應上漲趨勢，形成一根中長紅K線；第二天繼續順應趨勢，形成一根紅色陀螺線，並與第一天間有個跳空缺口；第三、四天，價格持續走高，到第四日為止，只要第三天創新高，則可不管第三天的K線顏色，其餘三天均為紅K線；第五天開盤後，股價往下盤跌，收盤時收在第一天與第二天的跳空缺口內，形成一根中長黑K線，此為空頭起跑，屬於反轉的型態。空頭起跑代表著龐大買進而導致的超買情況，使得趨勢不斷上揚，最後，一根逆勢走低的中長黑K線完全消除了前幾天的價格行為，短期趨勢反轉下殺即將發生。

結合線形解析：空頭起跑可組合成一根留有上影線的紅色K線，若上影線夠長時，更是一根不折不扣的避雷針，依雙K理論來說，其已跌破雙K低點，賣出訊號確立，表示空頭已兵臨城下，即將大舉反攻。

AE.三山與三川

三山

三川

圖2-72　三山與三川
資料來源：作者整理

a.三山：K線走勢在高檔震盪形成三山型態，明顯表示上漲趨勢已遭
破壞，由漲勢轉為橫向整理，最後再轉為跌勢，千萬不可以K線之
微末力道抗衡趨勢。三山即為反轉型態的頭肩頂型態，由於三個頭
類似三座高山，因此稱為「三山」。一旦三山形成後，表示行情即
將反轉向下。

b.三川：為三山的相反型態。K線走勢在低檔震盪形成三川，明顯表
示下跌趨勢已遭破壞，由跌勢轉為橫向整理，最後再轉為漲勢，千
萬不可以K線之微末力道抗衡趨勢。三川即為反轉型態的頭肩底型
態，由於日本人稱股價高檔為山，股價低檔為川，而忽漲忽跌處於
中段整理為法，因此稱為「三川」。一旦三川形成後，表示行情即
將反轉向上。

AF.塔頂與塔底

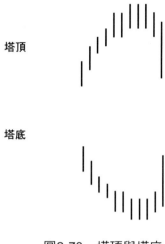

塔頂

塔底

圖2-73　塔頂與塔底
資料來源：作者整理

a.塔頂：股價經過一段上漲趨勢後，K線型態逐漸由相對較長的上升
　型態逐漸轉變為較短的盤跌型態，使得K線顏色由紅K線變為黑K
　線居多，表示頭部進行整理，短小陰陽線交錯，買賣雙方勢均力
　敵。最後，一根中長黑K線貫破前面數支K線，而形成一個倒U字
　型態。倒U字線一出，行情通常會持續下跌一個月以上，故為下跌
　的訊號之一。

b.塔底：股價經過一段急跌之後，K線型態逐漸由相對較長的下降型
　態逐漸轉變為較短的盤跌型態，使得K線顏色由黑K線變為紅K線
　居多，表示底部進行整理，短小陰陽線交錯，買賣雙方勢均力敵。
　最後，一根中長紅K線吃掉前面數支K線，形成一個U字型態。U
　字線一出，行情通常會持續上漲一個月以上，故為上漲訊號之一。

AG. 糰頭與鍋底

糰頭

鍋底

圖2-74　糰頭與鍋底
資料來源：作者整理

a. 糰頭：糰頭行情已非純粹日K線可以加以闡述，往往是月線，或兩
　 週K線，甚至漲幅滿足後，所構成的型態，糰頭的時間越長，那麼
　 跌勢就會越可靠。市場長期走高時，經常會出現此型態，由於利多
　 消息對此型態起不了太大作用，於是形成逐步盤升，然後在頭部成
　 半圓形再緩緩下降，這種頭部就是反轉型態的圓形頂，表示行情即
　 將反轉向下。

b. 鍋底：和糰頭一樣，鍋底行情已非純粹日K線可以加以闡述，往往
　 是月線，或兩週K線，甚至跌幅滿足後，所構成的型態，鍋底的時
　 間越長，那麼漲勢就會越可靠。市場長期走低時，經常會出現此型
　 態，由於利空消息對於此型態起不了太作用，於是形成逐漸盤底，
　 然後在底部成半圓底再緩緩上升，這種底部就是反轉型態的圓形
　 底，表示行情即將反轉向上。

AH.九陰真經

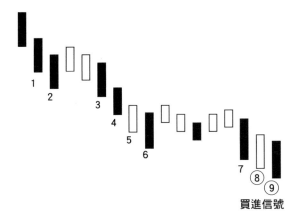

圖2-75　九陰真經
資料來源：作者整理

　　以日線及週線來看，股價從最高點開始，在創下第八次、第九次最低價之後，並出現反轉向上訊號時，表示底部已到，為明確的買進訊號，投資人可逢低建立基本持股。

AI.九陽神功

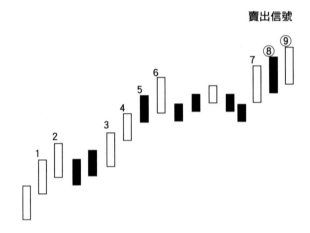

圖2-76　九陽神功
資料來源：作者整理

　　以日線及週線來看，股價從最低點開始，在創下第八次、第九次最
高價之後，並出現反轉向下訊號時，則為明確的賣出訊號，投資人可毫不
猶豫的出脫手中持股，因為高點已到，千萬不可留戀。

（三）K線操作秘笈

上述K線組合具有相當的準確性，而其中最可靠，可為入場依據者，說明如后：

1.做多

A.低檔找多頭吞噬（下跌至末跌段後，經過一段時間的整理，看到多頭吞噬即是最強的買進訊號。）

B.低檔找跳空孤島（下跌至末跌段後，經過一段時間的整理，看到下跌跳空竭盡缺口後，出現上漲突破缺口即是訊號，此為第二強做多訊號。）

C.低檔找貫穿型態（經過一段下跌後，紅棒貫穿黑棒3/4，下影線越長越好，此為第三強的做多訊號。）

圖2-77　低檔多頭吞噬實例：立積（4968）
資料來源：精誠富貴贏家2000

2.做空

A.高檔找空頭吞噬（上漲至末升段後，看到空頭吞噬即是最強的賣出訊號。）

B.高檔找跳空孤島（上漲至末升段後，看到上漲跳空竭盡缺口後，出現下跌突破缺口即是第二強的賣出訊號。）

C.高檔找烏雲罩頂（上漲一段之後，黑棒貫穿紅棒3/4為轉弱現象，即是第三強的賣出訊號）

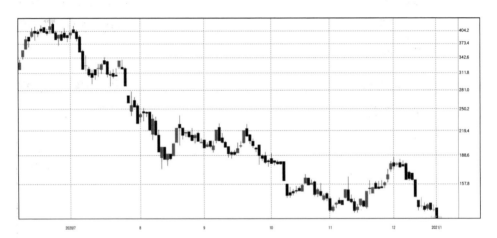

圖2-78　高檔空頭吞噬實例：瑞積（4171）
資料來源：精誠富貴贏家2000

Chapter 03

｜價格前進的軌道：趨勢線｜

在技術分析的系統中，股價是依**趨勢**而變動的，任何一個初學者都能很快的透過檢查市場紀錄，來分辨所選的任何一段時間之股價**趨勢**。

面對一些圖形，僅僅是大略看一眼就可以看出，股價在一段相當的時間內，沿著一個特定的軌道，朝一定方向的移動。進一步的檢視將會發現這種方向或**趨勢**，通常是以明顯的形狀，曲曲折折地沿著想像中的直線進行。事實上股價幾乎貼著直線的行為是圖形走勢中最為特殊的性質。

假使我們用一支尺放在許多股票圖時，會很快的發現在上升**趨勢**時，時常成為直線的是直接連接在次級下跌中的最低點而成。換句話說，股票市場的上升波動是由一連串的波紋組成，這些波紋的底部形成（或非常相近）一個上傾的直線。

在下跌**趨勢**，會形成直線的只有次級上升的頂點，然而次級的底部可能、也可能不在同一直線上。這兩條線——大量上升所形成一連串波紋

底部所形成上傾的線及大量下跌一連串波紋的頂點所形成的直線，就是基本趨勢線。

(一)趨勢線的畫法

要學會運用趨勢線，就要先學習如何畫出一條正確的趨勢線，畫法如下：

沿著一種股票圖形正常波動的走勢中，每一波動的高點或低點連線

→上升趨勢線是連接各波動的低點

→下降趨勢線是連接各波動的高點

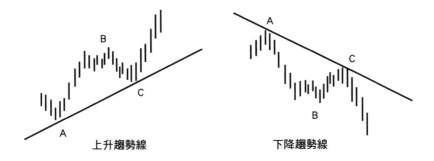

圖3-1　趨勢線
資料來源：作者整理

(二)趨勢線的基本原理

1.趨勢線的有效性：

(1)趨勢線被觸及的次數

上升行情的波段數越多，上升趨勢線所連結的底部越多，則表示這條上升趨勢線越有效，權威性相對提高。同理，下降趨勢線也是如此。

(2)趨勢線的長度及持續時間

上升**趨勢線**或下降**趨勢線**沒有被跌破或被穿越的時間越久，有效性越高。因此，週線圖和月線圖比日線圖更為可靠。

(3) **趨勢線**的角度

上升(下降)**趨勢線**角度越陡，很容易會被股價強力反彈或回檔所穿越，它的有效性就差。經長時間的驗證，上升（下降）**趨勢線**的角度適當，大約30度到45度，那麼被股價穿越的可能性相對降低，有效性則提高。

2. 趨勢線的反轉 (突破或跌破)

(1) 反轉的前兆

成交量型態的改變將是**趨勢**反轉的前兆。舉例來說，一個上升**趨勢**很正常地進行，伴隨的現象是上升時出現高成交量，下跌時低成交量，接著突然發生成交量在上升時萎縮，而在下跌時增加，它可能是在進行反轉的訊號。

(2) 拉回

反轉後，它們將會有返回原先軌道的傾向。這種對原先**趨勢**的奇妙吸引力或者稱為拉回的效果，對**趨勢線**來說是非常普遍的。一般來說，股價跌破中級（見下方說明）**趨勢線**後，會有暫時反彈的現象，投資者稱之為「逃命線」。

(3) 成交量

成交量在真正上升開始，突破某種型態時必須大增；但是下跌的跌破時成交量則不一定。通常股價跌破**趨勢線**的第一天成交量並不顯著增加，然而在下跌過程中必會出現大成交量，隨後開始萎縮。

(4) 變形

直線趨勢線一個很有趣的變形是弧形趨勢線，一個上升或下降的動量很突然的迅速上升或下降，遠超出形成的直線趨勢線，而形成了一條弧形的趨勢線。

　　如果弧形是發生在一段潛伏的<u>趨勢之後，它通常產生恐慌行為將行情帶到一個新的高峰（或低潮）</u>，然後，就結束了。<u>恐慌行為是買方和賣方瘋狂的表現，股價變動幅度驚人，成交量出奇的高</u>。需注意的是，一直到回跌的階段開始後，才能指出恐慌行為的頂點，這種噴出或著稱為垂直上升的階段能將行情帶到相當高度。

3. 趨勢線的種類與操作

趨勢線的型態有三種：

(1) 上升型態

　　A. 上升直線趨勢線

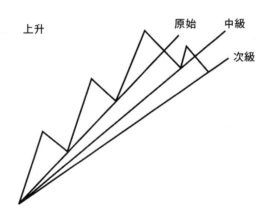

圖3-2　上升直線趨勢線
資料來源：作者整理

　　　　從最低點（第一個波谷）開始，注意四個波谷位置，相鄰兩波谷，連成三條趨勢線，此三條趨勢線分別謂之原始、中級

及次級上升趨勢線，其中第三波谷必須在原始上升趨勢線上方，第四波谷必須在中級上升趨勢線上方。

當K線跌破原始上升趨勢線時即宣告多頭行情可能結束，同時K線將向下測試中級上升趨勢線之支撐力道，若守住中級上升趨勢線，則K線將在中級上升趨勢線及原始上升趨勢線之間遊走。

當K線跌破中級上升趨勢線時，K線將向下測試次級上升趨勢之支撐力道；若守住次級上升趨勢線，則K線將在次級上升趨勢線及中級上升趨勢線之間遊走。

當K線跌破次級上升趨勢線時即宣告多頭行情結束，投資者應減少手中持股，或者融券放空。

B. 上升弧線趨勢線

從起漲點（起漲後的第一個波谷）開始，注意三個波谷位置，利用量角器帶入這三個波谷，畫出一條拋物線，此拋物線謂之上升（弧線）趨勢線。

C. 上升扇形趨勢線

從最低點（第一個波谷）開始，第一個波谷與第二個波谷連線謂之（上升）扇形第一條線，待K線跌破（上升）扇形第一條線以後再形成第三波谷；第一波谷與第三波谷連線謂之（上升）扇形第二條線，待K線跌破（上升）扇形第二條線以後再形成第四波谷；第一波谷與第四個波谷連線，謂之（上升）扇形第三條線，待K線跌破（上升）扇形第三條以後將出現空頭行情。

(2)下降型態

A. 下降直線趨勢線

　　從最高點（第一個波峰）開始，注意四個波峰位置，相鄰
兩波峰，連成三條趨勢線，此三條趨勢線分別謂之原始、中級
及次級下降趨勢線，其中第三波峰必須在原始下降趨勢線下
方，第四波峰必須在中級下降趨勢線下方。

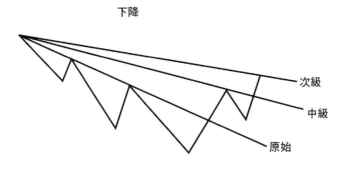

圖3-3　下降直線趨勢線
資料來源：作者整理

　　當K線突破原始下降趨勢線時即宣告空頭行情可能結束，
同時K線將向上測試中級下降趨勢線之壓力力道，若至中級下
降趨勢線時遇到壓力，則K線將在中級下降趨勢線及原始下降
趨勢線間遊走。

　　當K線突破中級下降趨勢線時，K線將向上測試次級下降
趨勢線之壓力力道；若守住次級下降趨勢線，則K線將在次級
下降趨勢線及中級下降趨勢線之間遊走。

　　當K線突破次級下降趨勢線時即宣告空頭行情結束，投資
者應建立基本持股。

B. 下降弧線趨勢線

從起跌點（起跌後的第一個波峰）開始，注意三個波峰位置，利用量角器帶入這三個波峰，畫出一條拋物線，此拋物線謂之下降（弧線）趨勢線。

C. 下降扇形趨勢線

從最高點（第一個波峰）開始，第一個波峰與第二個波峰連線謂之（下降）扇形第一條線，待K線突破（下降）扇形第一條線以後再形成第三波峰；第一波峰與第三波峰連線謂之（下降）扇形第二條線，待K線突破（下降）扇形第二條線以後再形成第四波峰；第一個波峰與第四個波峰連線謂之（下降）扇形第三條線，待K線突破（下降）扇形第三條以後將出現多頭行情。

(3) 軌道型態

A. 當漲勢確立時，首先畫出原始上升趨勢線，而後在第一波的波峰畫出一條與原始上升趨勢線平行的直線，如此即形成一個上升的平行軌道。

B. 當跌勢確立時，首先畫出原始下降趨勢線，而後在第一波的波谷畫出一條與原始下降趨勢線平行的直線，如此即形成一個下降的平行軌道。

(三) 趨勢線之綜合重點

1. 上升軌道跌破形成下降軌道，下跌軌道突破形成上升軌道，形成股票不斷的上上下下很有秩序的整理方向。

2. 軌道越寬，表示股價上漲或下跌起伏越大，做多、做空宜把握。

3.軌道越窄，表示股價上漲或下跌起伏越小，股價的漲跌變化時間拉長。

4.軌道上升或下降的角度也關係股價上升或下降的強弱，角度越陡，上漲或下跌力量越大；角度緩和，股價漲跌也較弱勢。

5.軌道線行進間最重要的是，跌破上升支撐或突破下降壓力所觀察出的買賣點，但上漲或下跌失敗的高點或低點（該漲至哪裡卻未到達，該跌至哪裡卻不下跌）是*趨勢線*扭轉的最佳關鍵，宜留意轉折變化。

(四) 趨勢線的應用

長期*趨勢*一旦形成就不容易被改變，價的趨勢線最大的玄機在「改道」，第一次改道休息、第二次改道是多空均衡、第三次改道是多空易位，訊號清楚、使用簡單。

1.進出股票是買賣其「價」，不是指標，所有指標都是應「價」形成的，幹嘛捨近求遠。

2.股勢強弱從「價」上看最直接了當。

3.「價的趨勢線」雖不能預測精確跌漲幅，但多空*趨勢*以轉折明確，只要上了「多空*趨勢*列車」就不會半路被洗掉。

Chapter 04

| 趨勢與轉折的判斷 |

操作股票最重要的就是判斷**趨勢**，而相關的技術中，道氏理論著眼於股市長期走勢的理論架構，假設支撐與壓力則決定了股價的轉折。

（一）道氏理論

道氏理論是預測股票市場主要**趨勢**之方法中最古老且最廣為人知的一種，由於已有許多優良的書籍曾對此一理論內容做過詳細的探討，在此不再詳細說明。但是因為道氏理論的基本原則已被其他技術分析所運用，故本章將對此理論作一簡要說明。

道氏理論的目標在於預測股票市場原始或長期移動的變化，一旦**趨勢**建立，便假設它將持續直到反轉訊號出現。這個理論關切**趨勢**的方向，但對**趨勢**的持續期間與大小則沒有預測價值。

當然，我們必須了解這理論並非能永遠掌握一切，投資者偶爾會對它感到懷疑，該理論無法保證絕對無誤，有時仍會發生小損失，以上幾點

主要是強調，儘管機械化的方法有助於預測股市，我們仍須作一些輔助性分析，以便得到最合理、平穩的判斷。

　　道氏理論為查理士·道爾(Charles H. Dow) 所創，道氏於1900至1902年間在華爾街日報發表一系列評論。道爾先生以股票市場狀況作為景氣情況的晴雨表。但並未以它作為預測股票價格的工具，後來其門生漢彌爾敦（William Peter Hamilton) 才將道氏理論的原則進一步發展，成為今日人們所熟知的理論。這些原則原本是相當鬆散的發表在1921 年他所著的《股市晴雨表》(*The Stock Market Barometer*) 一書中，直到1932年瑞爾(Robert Rhea)出版《道氏理論》(*The Dow Theory*) 一書，才將該理論以較完整、正式的形式公諸於世。

　　該理論假定多數股票大多隨著市場趨勢變動，為了衡量市場，道爾編了兩種指數：道瓊工業股價平均數，由12種（現在為30種）績優股組成；其次為道瓊鐵路股價平均數，由12種鐵路股票構成，當初道瓊鐵路股價平均數是代表運輸股股票，後來由於航空業及其他型態運輸業發達，故將舊有的鐵路平均數加以調整，並改名為道瓊運輸股價平均數。

1.道氏理論的基本論點

　　道氏理論研究的是整個市場的價格走向趨勢，所以趨勢分析是技術分析中最重要的方法，亦為其他分析方法的基石。從觀察過去的歷史資料中，可發現價格走勢確實存在著某種重複發生的情況，這些事實，主要是因為人類行為本身便具重複性所致。

　　就整個價格趨勢而言，觀察過去的歷史資料，可將整個趨勢的循環分為三種最重要的走勢，分別為原始趨勢、次級趨勢及短期趨勢。這三個波動分別包含了三種不同的時間架構，並且循環不已。論述如下：

(1)原始趨勢：最重要的就是原始趨勢，或稱長期趨勢，亦即所謂的

多頭（上升）或空頭（下跌）市場。此類波動持續期間有時少於一年，有時長達數年之久。

主要的空頭市場為長期下跌趨勢，期間或許有些重要的上升情況。空頭市場開始時，首先是敏感的投資人將股票拋售；第二階段為商業活動水準及公司利潤下跌；最後到了不論股票真正價值如何皆被拋售時，因為充滿了各種悲觀的消息即強迫性賣壓，如追加保證金（俗稱斷頭）等所造成的賣壓，空頭市場便進入恐慌時期，這代表空頭市場的第三階段。

主要的多頭市場為明顯的上升波動，平均持續約兩年，期間或許有些次級反應。多頭市場開始時，股價平均數已將最壞的消息折現後，市場開始重申對未來的信心；多頭市場的第二階段是：股票開始反應大幅改善的景氣狀況，而當股票價格因投資人過度樂觀的預期心理而節節上升，形成過度自信的市場，並瀰漫著投機氣氛時，第三階段便已展開。

(2)次級趨勢：次級反應或稱終極反應，其定義為在多頭市場中的重要下跌或在空頭市場中的重要上升階段。通常持續三個星期至數月之久，該期間內拉回的幅度一般約占表期波動的1/3至2/3 （從上一波次級反應結束開始算起）。

次級趨勢回檔的幅度偶爾會相當於上一波長期波動，但一般而言，其幅度介於1/2及1/3 間，通常在50 ％左右。

(2)短期趨勢：此種波動延續期間短則數小時，長則三星期左右，其重要性在於形成原始趨勢或次級趨勢，短期趨勢的主要的成因是由於交易行為所造成的波動，甚至有人認為短期趨勢的波動方向是隨機的，因此，對長期投資者而言，不具預測價值，尤其短期趨勢與次級或原始趨勢不同，它容易受到某種程度的操縱。

2.結論

道氏理論主要是預測市場長期**趨勢**，而非**趨勢**的延續期間與規模大小。一旦兩種股價平均數互相確認後，便假定新**趨勢**將延續，直到兩種股價平均數發生相反的確認為止。

　　主要的空頭與多頭市場都有三個明顯的階段，確認這些階段，以及正常價格與成交量的關係有無歧異，都可作為判定表期**趨勢**是否將發生反轉的線索，此種補充性證據在股價平均數走向不明確時尤有助益。

（二）支撐及壓力

　　支撐為在一段時間內買進足夠的籌碼以阻止股價下跌**趨勢**；壓力是支撐的反面，為在一段時間內賣出足夠的籌碼以阻擋上漲**趨勢**。

　　也就是說，支撐的意義即為需求集中的區域，亦即潛在的買進力道的聚集區；而壓力則為供給集中的區域，價格達到該區域時，將引發賣盤力量出現。支撐與壓力是與**趨勢**線相關的觀念。**趨勢**線談論的是未來價格的可能走向，因此在上升**趨勢**線的下端，存在著潛在不少的買進力量，使得價格持續往**趨勢**線方向走，這個力量即為支撐。同理，在下降**趨勢**線的上端，存在著為數不少的賣出力量，使得價格有沿著下降**趨勢**線進行的走向，而這個力量即為壓力。「支撐帶」則為買盤需要的密集區域；「壓力帶」則為賣出供給集中區域的簡稱，如此定義的支撐和壓力相近於需求和供給，但並不完全一樣。

1.研判支撐及壓力的技巧

(1)成交量

　　由該價格區的成交量情況來判定支撐壓力的力道，支撐或壓力形成的原因是需求或供給的集中區，而這種集中現象會表現在成交量的大小。當一個底部發生是伴隨著大成交量時，則隨後該處所構成的支撐將會較大，反之亦然，壓力也是同樣的道理。

(2)型態 (圖 4-1)

支撐與壓力亦與價格的型態有密切的關係。某些價格型態，已表現出需求或供給集中的意涵，所以在特定的價格型態下，將會出現特定的支撐或壓力現象。例如，反轉型態 W 底的頸線，本身即為一壓力線，當價格突破頸線（壓力線）後，壓力轉而成為支撐，趨勢反轉。

(3)趨勢線 (圖 4-2)

趨勢線為判定支撐及壓力位置的重要方法，使用方法在第三章趨勢線中有詳細說明。趨勢線為支撐及壓力的所在，由於價格走勢有其趨勢，因此所形成的波峰或波谷將隨著長期趨勢而改變，這意味著存在於投資人心中的理想供給價位或需求價位會隨著時間趨勢而有所修正。因此，數個波峰或數個波谷將可描繪出投資人心中對供給價位或需求價位之變動趨勢，這即是趨勢線所表現的支撐或壓力線 (圖 4-2)。

(4)X 線 (圖 4-3)

是以波峰及波谷相連出向右上方傾斜上升 X 線來判定壓力的所在，或以波谷及波峰相連出的向右下方傾斜下降 X 線來判定支撐的所在。

上升 X 線：由一個底部，至少間隔一個頂和底，和右上方的另一個頂點以直線相連接。

下降 X 線：由一個頂點，至少間隔一個底和頂，和右下方的另一個底部以直線相連接。

圖4-1　反轉型態壓力線
資料來源：作者整理

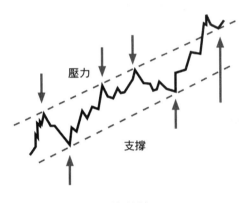

圖4-2　趨勢線
資料來源：作者整理

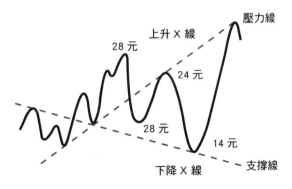

圖4-3　X線
資料來源：作者整理

(5) 價位距離

目前價位與支撐（壓力）區域的距離，是其強度的重要因素，如果價格由28元開始下跌，跌到19元後漲到24元，之後再跌到14元時，這個時候19元對14元而言將是很明顯的壓力，但如果價格是從24元跌到17元，則19元的支撐將不會太明顯。

(6) 經過的時間長短

先前的支撐及壓力帶與現在的時間距離，時間較早前所形成的支撐或壓力，可能隨著時間的經過後，在逐漸的換手下，力道將逐漸消失。相反的，在近期才形成的支撐或壓力帶，其有效性將會較強。

(7) 測試次數

測試次數越多的支撐及壓力帶，顯示其力道越強。測試多次均成立的支撐壓力區，其支撐壓力是顯著的。但是短時間的密集測試有助於支撐壓力的減少，因為每一次測試，都會消化掉一部分的籌碼。例如，價格由25元上攻至30元（壓力帶）後拉回至28元，若28元再迅速上攻，則壓力的力道將較前一次小，主要是因為主力作手在上攻時，不斷買進散戶賣壓的籌碼，而使日後的賣壓減少。但是如果測試失敗，價格遠離後，原來在測試區買進者都將形成套牢，而成為下一波的壓力。此時，測試的次數越多，將顯得力道越強。

(8) 整數心理關卡

整數價位亦為支撐或壓力之所在，投資人獲利了結或心中理想的買點，通常會設定成整數價位，如20、30、50、75、100等，當我們買股票時，我們想要的獲利目標自然就會想到這些整數價格，因此這種整數價位亦會成為價格的支撐或壓力，但時間不會太長。例如：假使股票由大約20元穩健的上升，那麼在30元時會碰上獲利者的賣出是可想見的，特別

是那個價格又是幾年來創新高價的話，我們可以很肯定的說，這個價格將會形成新的壓力帶。

經常出現的價位亦顯示其為支撐壓力帶，當價格經常出現在某數字區域時，許多投資人將會以該常出現的數值作為其買賣的決策點，因此這種價位將變成一個支撐帶或壓力帶。

2.短線對支撐及壓力的影響

短線指標過熱將形成心理關卡。在某些狀況下，由歷史資料所推斷的支撐或壓力會出現與目前價位相距甚遠的情況，但這個時候並不表示價格上漲或下跌短期內都不會遇到壓力或支撐。由於支撐或壓力為投資人心中供需價位的集中區域，因此，當短線漲幅過大時，市場將會因為大多數人都達到了獲利目標，而造成獲利回吐的壓力。同理，當短線跌幅過大時，將會吸引投資人進場，而造成支撐。

支撐及壓力會相互轉換，這是相當重要的一個準則。支撐或壓力並非絕對的概念，而是相對的概念。當價格向上對某壓力帶進行突破前，將不斷的對壓力線作測試（即買盤進攻供給密集區間，並且無功而返的價格行為，如同試探賣壓的強度），每一次測試，都將消化掉一些賣壓。因此，當價格發生突破時，代表市場在該價位的累積需求已超過了供給，亦即突破代表市場參與者的結構發生改變，因而造成突破。在這個時候，市場參與者的信心十足，認定原來的壓力帶正是價格上漲起點，未來空間大（這正是這群人買進的理由），因此在這個價位附近都是買點。於是，原來的壓力帶變成了需求密集區域，即支撐區。因此在當價格帶量突破壓力帶時，原來的壓力帶將轉變成為支撐帶。而支撐帶被價格跌破後，原有的支撐將轉變成為壓力帶也是相同的道理。注意！這個結構改變判定必須依靠成交量是否夠大來判定，若成交量不夠大，則不能確定市場參與者是否夠多到足以使結構發生改變，唯有突破配合大量的成交量，才能肯定支撐

與壓力相互轉換。這也是為什麼一般人均以巨量與否來確認是否為有效突破的道理。

另一個支撐與壓力將相互轉換的原因是投資人心理面轉變的因素。即使同一群投資人，也可能因為價格經常會回到壓力帶，而開始認為即使在壓力帶買進，發生損失的機會也不會太高。尤其是當壓力被突破時，這種心理面的轉折將顯著的發生，使得投資人對買進價位的設定將調整至原壓力區域，很明顯的，這個時候的壓力已轉變成支撐了。而支撐轉變成壓力的道理亦同。

3. 結論

以支撐或壓力線來實際運用時，將經常會出現假突破（跌破），或是多頭（空頭）陷阱。因此我們必須運用濾嘴理論，用一定的比率，來認定突破與跌破，例如價格的3%。另一個方法便是以支撐或壓力區間來取代3%。在這個時候，當壓力區間的上限遭突破或支撐區間的下限遭跌破時，則買進（賣出）訊號確立。

圖4-4　道氏理論平行軌道線祕笈運用
資料來源：精誠富貴贏家2000

利用道氏理論的支撐與壓力原理，我們將2011年2月分的波峰最高點9220，連接2010年1月的波峰最高點12197，形成一條上升壓力線，再將2015年8月的波谷最低點7203，畫出一條和壓力線平行的軌道線作為支撐線，可以預測在2020年3月分大約落在8550點附近。因此當指數下跌到平行軌道的支撐時，我們大量彎腰撿黃金開始做回升行情，這次的支撐點正利用道氏理論的平行軌道線秘笈有效尋求到的。

Chapter 05

未來走勢的預測──波浪理論

「艾略特波浪理論」的相關書籍雖然不占少數，但目前真正懂得波浪理論精髓的人卻極為少數。艾略特(Ralph Nelson Elliott)於1948年逝世，他的理論教育文件於二十年前就已絕版。因此，本書針對有志研究金融市場標的週期性變化理論的人士，在此做出深入解析。

（一）波浪理論的基本原理

艾略特發現在每一個較長週期的波浪中，可以細分為小波浪，小波浪再分割成更小的波浪。各種波浪的等級雖然不同，但是都顯示有特殊的行為模式。這種變化的模式，如果未在定期重複出現時，表示波浪的方向已經改變。

波段有兩種：驅動波（motive wave）與修正波（corrective wave）。驅動波是五波的結構，而修正波的結構是三波，或是由三波所衍生的變種。圖5-1當中，朝同一個方向移動的1、3、5波就是驅動波，因為它們

推動整個市場走勢，所以稱為「驅動波」。所有逆方向發展的，都是修正波，例如圖5-1的2、4波。因為它們顯然是對前一個驅動波在做「修正」，但拉回的幅度都不大，不至於抵銷掉驅動波的進展。因此，這兩種波所扮演的角色以及他們的結構波段種類都是迥然不同的，本章將會詳細加以解釋。

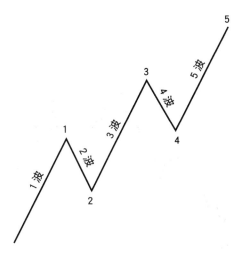

圖5-1　艾略特基本波浪型態
資料來源：作者整理

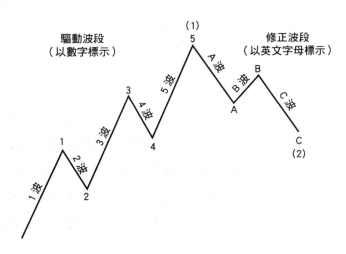

圖5-2　艾略特波浪完整循環
資料來源：作者整理

一個完整的循環包含八個波段，分成兩個不同的階段：五波的驅動波階段（這裡以「五波」來稱之，次級波以數字表示，三波的修正波階段以「三波」稱之，次級波以英文字母表示）。就像圖5-1當中的2波修正了1波一樣，圖5-2當中，A，B，C三個連續波段也修正了1、2、3、4、5這五個連續波段。

1. 波浪的判別

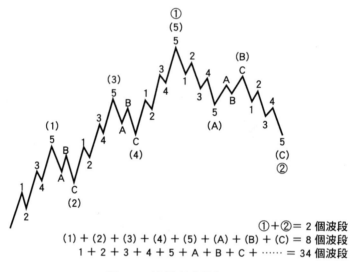

①+②＝2 個波段
(1) + (2) + (3) + (4) + (5) + (A) + (B) + (C) ＝ 8 個波段
1 + 2 + 3 + 4 + 5 + A + B + C + …… ＝ 34 個波段

圖5-3　波浪的判別
資料來源：作者整理

我們來看看圖5-3當中標示為②的這整個修正波，其中的（A）波與（C）波是向下的走勢，也都各包含了五波－1、2、3、4和5波，而向上攀升的（B）波是由三波所組成－A、B和C波。這個結構透露出一個重點：驅動波並非一定是向上攀升，而修正波也不一定永遠都是向下的走勢。也就是說，要判斷一個波段是驅動波還是修正波，得看它的相對方向來判斷，不可以因為是向上攀升就斷定是驅動波，或因是向下走低就斷定是修

正波。撇開四個特定的例外不談（本章稍後將會詳述），波段分成兩類，一是驅動波（由五波所組成），即如果波段的走勢與它所處的較大層級波段走勢相同。另一個是修正波（由三波所組成），即如果波段走勢是和它所處的較大層級波段走勢相反。因為（Ａ）波的走勢與②波相同所以是驅動波，而（Ｂ）波修正了（Ａ）波，而且走勢與②波相反所以是修正波。

　　總括來說，波浪理論的基本重要趨勢是：與一個較大趨勢同向的市場走勢，會以五波的型態來發展，而拉回的走勢則會以三波的型態發展，不論層級大小為何，都是如以上所述形式，層級和相對走勢的種種現象可進一步描繪成圖5-4的情況。圖5-4顯示出任何股市循環中的一般原則。

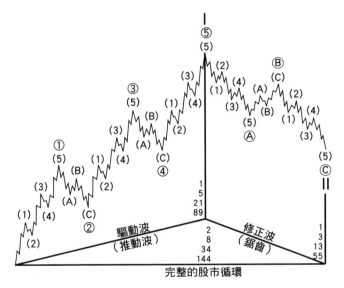

圖5-4　完整的股市循環原則
資料來源：作者整理

　　波浪理論用在越多人參與的商品，其準確性越高，如外匯、股票指數、黃金、石油、大宗物質……等，因人類群體的活動，是適合自然規律的，而艾略特的波浪理論就是標榜其精髓來自自然規律。如果讀者欲進階

從事基金的操盤，或當大企業的避險操作專家，那麼你非熟悉精通波浪理論不可。

波浪理論在國內風行是近幾年來的事，但是以波浪理論分析台灣股市卻是精確無比。用波浪理論來分析大勢並預測未來，那麼你必須要把過去的每一波段交代的很清楚，不然預測就會失真。這正是為什麼國內有許多波浪專家會失算的原因。

艾略特的波浪理論與其他分析技巧一樣，是經驗累積的結果。其最大功能，是可由過去的圖形走勢對未來作概括性的前瞻與預測。另外又可藉由費波蘭希級數或用中國古老的易經五行八字統計的數據，指出每一段時間的轉向趨勢。

我研究波浪理論四十幾年，套入台灣加權指數、天運、國運及個股走勢準確無比，所以我用台灣的加權指數對波浪理論的認識來加以說明：

◎注意事項：

1.台灣股市加權指數從1967年元月以100點為基準開始。

2.波浪理論分析必須以月線為經，週線、日線為緯。

3.日、週、月指數皆採用半對數圖，台灣股市暴漲暴跌，故一律採用半對數圖，不然分析多易失真。

4.波浪理論的層級標示(由最大至最小層級依序)：衝擊波：壹、I、一、1、(一)、(1)；修正波：A、B、C及a、b、c。

◎波浪分析：（附圖在全書最後一頁）

第壹大浪：由92.40點(1967年) => 514點(1963年12月) 內分五浪：

第貳大浪：由514(1963年12月) => 421(1982年6月)

由複式曲折波組成之調整浪

　　A浪：514(1963年12月) - 188

　　B浪：188 - 688

　　C浪：688 - 421(1982年8月)

第參大浪：由421(1982年6月) => 12682(1990年2月)

由波濤洶湧的大衝擊浪內分五浪：

I. 421(1982年6月) － 969(1984年5月) 其中又細分五浪

II. 969(1984年5月) － 636(1985年7月) 調整浪

III. 636(1985年7月) － 4673(1987年10月) 其中又細分五浪

IV. 4796(1987年10月) － 2241(1987年12月) 調整浪

V. 2241(1987年12月) － 12682(1987年2月) 此波走上升楔型

因上升楔型盡頭處，由月線圖較難看清楚。若以週線圖顯示較為清楚：

一.2241 － 8813

二.8813 － 4645

三.4645 － 10200

四.10200 － 7888 （第四波整理分為a、b、c波，10200-7699 為a小浪；7699-10843為b小浪；10843-7888為c小浪）

五.7888-12682

第肆大浪：由12682(1990年2月) => 3955(2008年11月)

A波調整：12682 => 2485 屬於價格修正調整波

B波調整：2485 => 10256 屬於時間修正波

　　一.2485 － 6365

　　二.6365 － 3098

　　三.3098 － 7228

　　四.7228 － 4474

　　五.4474 － 10256

C波調整：10256 => 3955 屬於價格與時間同時修正調整波

　　a.10256 － 3411

　　　　(a) 10256 － 5422

　　　　(b) 5422 － 10393

　　　　(c) 10393 － 3411

　　b.3411 － 9859

　　c.9859 － 3955

　　　　(a) 9859 － 7384

　　　　(b) 7384 － 9309

　　　　(c) 9309 － 3955

第伍大浪：由3955 (2008年11月) 起漲

I. 3955 => 8395

II. 8395=> 8523

三重三波：

    (a) 8395 => 7032

    (b) 7032 => 9220

    (c) 9220 => 6609

    (X1). 6609 => 9593

    (a) 9593 => 8501

    (b) 8501 => 10014

    (c) 10014 => 7203

    (X2). 7203 => 11270

    (a) 11270 => 9319

    (b) 9319 => 12197

    (c) 12197 => 8523

III. 8523 => 21000 上下 500 點 (預測)

    一. 8523 => 13031

    二. 13031 => 12149

        A.13031 => 12144

        B.12144 => 13021

        C.13021=>12149

    三. 12149 => 18000 上下 500 點 (預測)

    四. 18000(預測) => 16000(預測)

五.16000 => 21000 上下 500 點

IV. 21000 => 16000 上下 500 點 (預測)

V. 16000 => 38000 上下 500 點 (預測)

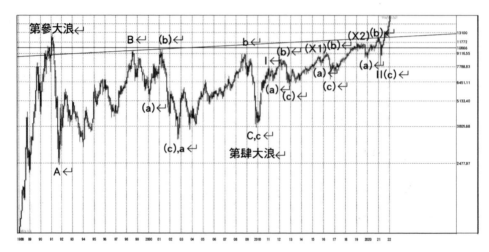

圖5-5　以波浪理論分析1987年以來台灣加權股價指數走勢
資料來源：作者整理

　　2020年11月台灣的加權指數將邁入大格局末升段中的第三中浪主升波的第三小浪，目標看18000點(上下五百點)，爾後預測在2021年的年底會完成第III中浪，大盤指數的高點預測在21000點附近，然後經過一段中期修正第IV中波，作者認為台灣股市依波浪理論末升段的完成點，終極目標會超越美國道瓊指數，目標依六合神功型態學預測會漲到38000點。

◎波浪理論的三元素：

1.型態**趨勢**

2.空間比例

3.時間循環

以下是我自己歸納出來波浪理論中不可違背的定律，雖然在言詞上與原著作稍有差異，卻不失其真實性：

1.驅動波段必定由五個波所組成，即1、2、3、4、5波。

2.修正波段是由三個波所組成，即A、B、C波段。

3.驅動波段裡，第三波(主升段)絕對不能是最短的一個波段，而它通常是最長的一個波甚至有時為複雜波。

4.第四波修正的結束點必定不會接觸到第一波的結束點。在多頭走勢中，第四波回檔的最低點絕對不會接觸到第一波的最高；在空頭走勢中，第四波反彈的最高絕對不會高於第一波的最低點。換言之，同一週期中的第一波和第四波絕對不可能有任何重疊的部分(反趨勢波的第四波不能與趨勢波的第一波重疊)。

5.反趨勢波(第二波與第四波)有交替法則(簡單波與複雜波互換)，修正波段（下跌）永遠是A、B、C波三浪，絕對不會有1、2、3、4、5浪的波型。

以上這五個波段絕對不可違背的定律，是學習波浪理論的投資人必須熟記的，此為波浪理論的鐵紀，因此我以此用來分辨波浪理論潮浪波紋等級之波段或預測走勢時最重要的工具之一。

2. 波浪的劃分與級數

(1) 波浪的基本型態五升三跌的兩個週期

艾略特指出股市的發展是依據一組特殊且不斷重複的規律發展而出的，這組規律便是「五個上升浪和三個下跌浪」，作為一次循環地交替推進著。三個下跌浪可以理解為對五個上升浪的調整。

(2) 大浪中形成小浪，浪中有浪，波中有波

在一升一跌的基本浪之間，劃分為八個較次一級的小浪，在這些小浪基礎上，又可劃分成更次一級的小浪。

所有波段都可以依據所在的層級及相對大小來歸類。決定一個波段的層級，則是要看它的大小以及它相對於組成波(component)、相鄰波(adjacent)和包含波(encompassing)的所在位置。艾略特列舉了九種層級的波浪，小至細分走勢圖裡的最小波浪，大至他假設當時所蒐集得到的資料中最大的波浪。它把這些層級的波浪由大至小分別命名為：超大循環波(Grand Supercycle)、大循環波(Supercycle)、循環波(Cycle)、基本波(Primary)、中型波(Intermediate)、小型波(Minor)、細波(Minute)、微波(Minuette)、次微波(Subminuette)。循環波可細分為基本波，基本波可細分為中型波，中型波可以再依次細分為小型波、細波、微波、次微波。這些特定的術語並不是很重要，不過，現在採行波浪理論的人都已經很習慣使用艾略特所用的這些術語。

在走勢圖上標記出波浪層級時，為了要區別市場進展各層級的波段，一些規劃是必要的。我已經採用了一套標準的標示方法，用一些數字與字母來作為標記的工具，如圖5-1，這套方法有好幾項前所未有的優點。這套標記是往上下兩端無限地延伸，並且一再重複，便於記憶。所以只要看一眼走勢圖就可以看出它的規模。

3.波段的功能

每個波段不是在形成主要走勢，就是在做拉回。說的更明確一點，一個波段若不是在推動波浪往主要走勢發展，便是在中斷主要走勢的發展。而要判斷一個波段到底是扮演哪一種角色，就得看它的相對方向(relative direction)來決定。與較大層級波浪同向行進的波段，就是趨勢波(actionary wave 或稱 trend wave)；與較大層級波浪反向行進的波段，就是反趨勢波

(reactionary wave 或稱 countertrend wave)。趨勢波是用奇數以及單數的字母來標示，(例如圖5-2的1、3、5與A、C波段)反趨勢波則是用偶數以及雙數的字母來標示(例如圖5-2的2、4與B波段)。

大部分的趨勢波都可以細分為五波，但是，有一些趨勢波是在扮演「修正」的角色，他們可以細分為三波或是其變種。要了解趨勢波與推動波的差異，就得先對型態（Pattern）的結構做進一步的認識。

4.波浪理論的基本特性

將「波浪理論」與「道氏理論」比較，可以發現艾略特受到查理士‧道的影響非常之大。

道氏認為在一個上升的多頭市場中，可分為三個上漲的階段。艾略特則將之與自然界的潮汐循環，綜合出「波浪理論」。

然而艾略特本人並未將這些波浪的特性加以詳細說明。將不同波浪的個別特性加以詳細解說的，始自羅伯‧派瑞特(Robert Prechter) 的《艾略特波浪理論》一書（於1978年與Alfred John Frost合著出版）。每一個波浪的特性說明如下 (見圖5-6)：

第一浪：幾乎半數以上的第一浪屬於打底(Basizng)的型態。其後的第二浪調整幅度通常很大。由於如此段行情的上升，出現在空頭市場跌勢後的反彈，缺乏買進力道，包括空頭賣出壓力強大，經常使之回檔頗深。

第二浪：這一浪下跌的調整幅度相當大，幾乎吃掉第一浪的升幅。當行情跌至接近底部（第一浪起漲點時），開始發生惜售心理，成交量逐漸縮小時，才結束第二浪的調整。

第三浪：第三浪的漲勢可以確認是最大、最有爆發力。這段行情持續的時間與行情幅度，經常是最長的。此時市場內投資者信心恢復，成交

量大幅上升。尤其在突破第一浪的高點時,視為道氏理論所謂的買進訊號。這段行情的走勢非常激烈,甚至產生跳空,出現狂飆的局面。由於漲勢過於激烈,第三浪經常出現「延長波浪」(Extendedwave)的情況。

第四浪:第四浪通常以較複雜型態出現,也經常出現傾斜三角形的走勢。此浪最低點常高於第一浪的高點。

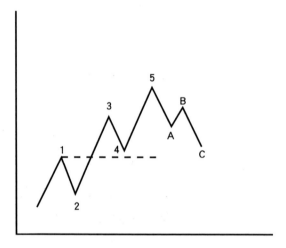

圖5-6　浪與浪的關係
資料來源:作者整理

第五浪:在股票市場中,第五浪的漲勢通常小於第三浪。且經常有失敗的情況,即漲幅不見得會很大,見圖5-7。但在商品期貨市場,則出現相反的情況,第五浪經常是最長的波浪,且常常出現「延長波浪」。1989年台灣進行第五大浪漲勢,可明顯看出中小型股如:勤益、新紡、士紙、大西洋、農林等個股,漲勢驚人。

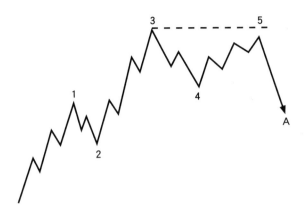

圖5-7　第五浪高點往往低於第三浪
資料來源：作者整理

A浪：在「A浪」中，市場內太多投資者認為行情尚未逆轉，此時僅為一個暫時回檔調整的現象。實際上，A浪的回檔下跌，在第五浪通常已有警告訊號，如量價背離或技術指標上的背離，見圖5-6。

B浪：「B浪」通常成交量不大，一般而言是多頭的逃命線。然而經長期上升的型態，很容易使投資者誤認為是另一波段的漲勢，形成「多頭陷阱」，見圖5-6。

C浪：「C浪」通常跌勢強烈。具有第三浪類似的特性，漲跌大，時間持續較久，見圖5-6。

（二）驅動波段的型態

1.驅動波的延長波理論

(1)驅動波段中的三個上漲波只會有一波產生延長波。例如：第五波是延長波，則第一波與第三波的漲幅和時間大約相同，不會做延長。

第一波的延長波

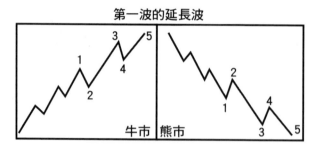

第三波的延長波

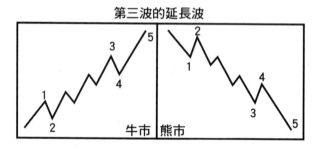

第五波的延長波

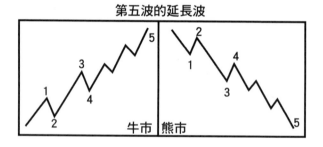

無法標示的延長波

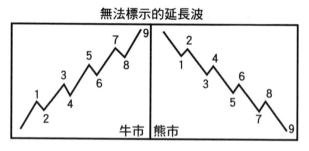

圖5-8 延長波在牛市與熊市的型態
資料來源：作者整理

(2)第一上漲波通常是一個標準波，作為爾後預測漲幅及完成點的基準。

(3)延長波通常是九波(九陽神功)。

(4)第五波是延長波時，那A波修正會拉回第五延長波的第二波的低點附近。

在正常的情形下，驅動波段的上升型態是以五波浪的序列存在。在特殊的情形中，有所謂的「延長波浪」(Extensions wave)發生，即在第1、3、5浪中的任一波段，發生較次一級劃分的五波段(圖5-8)，即為延長波浪分別在第1、3、5浪中出現的情形；偶爾有難於觀察延長波浪而以9段波浪上升的狀況(圖5-8中最後一個型態)。

「延長波浪」的存在，有助於對未來波段走勢的預測分析。由於在經驗法則中，延長波浪僅出現在第1、3、5衝擊浪中的某一波段。因此，假如第一浪與第三浪漲幅相等，則第五浪出現延長波浪的可能性機會增高，尤其是在第五浪中的成交量高於第三浪狀況中，延長波浪更會出現。同樣的，若延長波浪出現於第三浪中，則第五浪的型態漲幅約與第一浪相等。

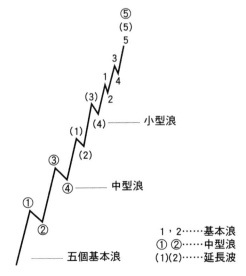

圖5-9　延長波有助於對未來波段走勢的預測分析
資料來源：作者整理

延長波浪有可能再衍生次一級的延長波浪。在圖5-9的例子當中，延長波浪發生在第五推動浪中，而在延長波浪的第五浪中又發生次一級的延長波浪。但這種延長波浪中，較常出現在第三衝擊浪中，見圖5-10。

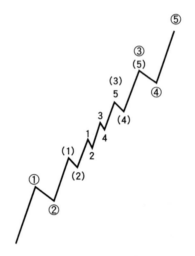

圖5-10　複雜的延長波常出現在第三衝擊浪中
資料來源：作者整理

　　假若，在第五浪中發生延長波浪的現象，那麼在接下來的調整浪中的下跌三浪，將會調整浪中三浪，跌至延長波浪的起漲點，並且隨後跟著反彈，創下整個循環期的新高價。即第五波的延長波浪，通常跟隨著「二次回檔」（Double Retraced) 的調整，第一次回檔回跌至延長波浪的起漲點，另一次回檔則是反彈回升至創新高價的高點。

2.二次回檔型態

　　「二次回檔」的型態又可分為兩種：

　　A型：當其整個「價格波動週期」屬於較大週期中的第一浪或第三浪時，第一次回檔回跌至延長波浪的起漲點，即為大週期中的第二或第四浪低點；第二次回檔則反彈回升形成第三浪或第五浪高點，如圖5-11。

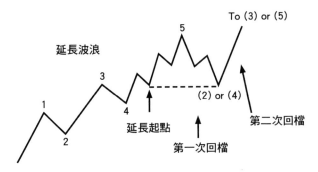

圖5-11　二次回檔型態A型
資料來源：作者整理

B型：當其整個週期屬於較大週期的第五浪時，第一次回檔回跌至延長波浪的起漲點，是為修正波A浪的低點；第二次回檔則反彈創新高價，是為B波的高點，C波則以五浪下跌型態出現，如圖5-12。

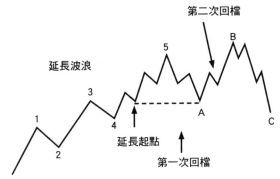

圖5-12　二次回檔型態B型
資料來源：作者整理

3. 上升楔型型態

「上升楔型型態」的發生在第五浪中，通常處於一段既長又快的飆漲之後，為第五浪的特殊型態。傾斜三角形由兩條收斂縮小的支撐線與壓力線形成，第一小浪至第五小浪都包含在兩線之內，如圖5-13。

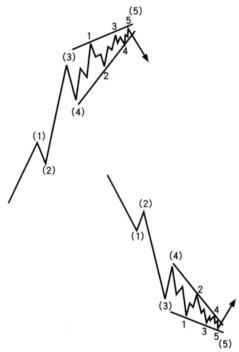

圖5-13　驅動波的上升楔型型態
資料來源：作者整理

此外「上升楔型」可以存在兩種特例：

(1)第一至第五小浪均可再細分次一級浪，有別於延長波浪只出現於
　　1、3、5浪其中之一浪的原則。

(2)第四小浪低點可以低於第一小浪高點。

4.失敗型態

「失敗型態」經常在第五浪中出現。失敗型態指第五浪的上升未能抵
達第三浪的高點，形成所謂「雙頭型」或「雙底型」。

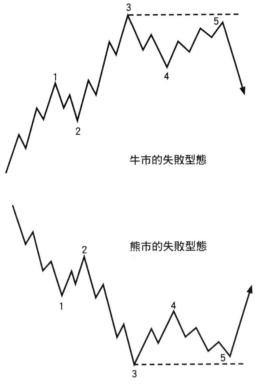

牛市的失敗型態

熊市的失敗型態

圖5-14　驅動波的失敗型態
資料來源：作者整理

（三）修正波段的型態

「修正波段」的級數與浪數辨別，通常較「驅動波段」困難複雜。因而許多波浪理論的分析者，常常無法及時的辨別出目前行情到底屬於何種級數與浪數，往往要到事後才恍然得以確認。

針對這種難題，波浪理論有一個最重要的原則，可以協助分析者用來辨認調整浪的型態，修正波永遠是三波(A-B-C)，即「修正波數絕不會是五浪」的原則。如果在多頭市場出現五波的下跌，即告訴你此為修正波的A波，爾後待B波反彈後，未來將有另一波C波的下跌。

◎「修正波」一般可分為四種型態：

1.「曲折型」(Zig zag) 以5-3-5 的三浪完成調整，可分為三種不同變化：鋸齒、雙鋸齒、三鋸齒。

2.「平緩型」(Flat) 以3-3-5 的三浪完成調整，可分為三種：常態型(Regular)、擴張型(Expanded)、強勢型(Running)。

3.「三角型」(Triangle) 以3-3-3-3-3型態完成調整，有四種形式，其中三種是屬於收斂結構，包括上升型(ascending)、下降型(descending)、對稱型(symmetrical) ，另外一種是屬於擴張結構，稱為逆對稱型(reverse symmetrical) 。

4.「雙重三浪」(Double Three) 與「三重三浪」(Triple Three) 。

以下針對四種型態分別說明如下：

(1)曲折型

曲折型在一個多頭市場中，是個簡單的三浪下跌調整型態，可細分為5-3-5 的波段，B浪高點低於A浪起跌點(見圖5-15、圖5-16、圖5-17)。

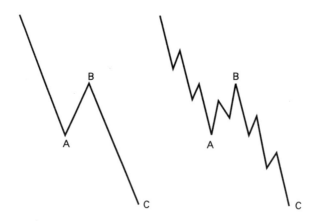

圖5-15　修正波的鋸齒曲折型態
資料來源：作者整理

而曲折型在一個空頭市場中， A-B-C 的型態則以相反方向向上反彈調整。

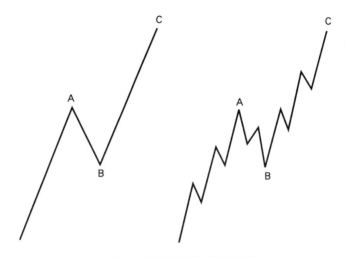

圖5-16　修正波的雙鋸齒曲折型態
資料來源：作者整理

通常在較大的波動週期，會出現「雙重曲折型」。

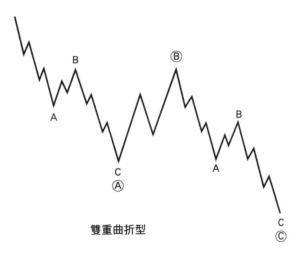

雙重曲折型

圖5-17　修正波的三鋸齒曲折型態
資料來源：作者整理

(2)平緩型

平緩型與曲折型的不同，僅是較小級數劃分的不同，平緩型是以3-3-5的型態完成調整浪，如圖5-18跟圖5-19。在平緩型中，A浪的跌勢較弱，以三段浪完成A浪，並不像在曲折型中A浪是以五浪完成的。

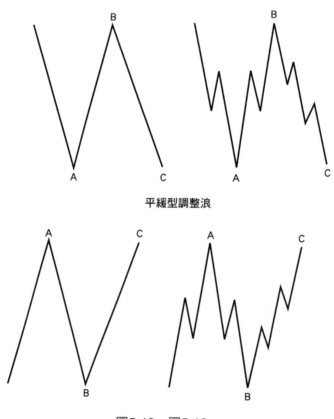

平緩型調整浪

圖5-18、圖5-19
資料來源：作者整理

◎平緩型的種類又可細分為三種：

1.「普通平緩型」，此種型態B浪的高點約在A浪的起跌點附近。如圖5-18跟圖5-19。C浪低點與A浪低點相當。

2.「不規則平緩型」，此型態B浪的高點超過A浪的起跌點，C浪低點則將跌破A浪的最低點，如圖5-20跟圖5-21。「不規則平緩型」在另一種情形下，即B浪高點若不能高於A浪起跌點，則C浪的跌幅低點將不低於A浪低點，如圖5-22跟圖5-23。

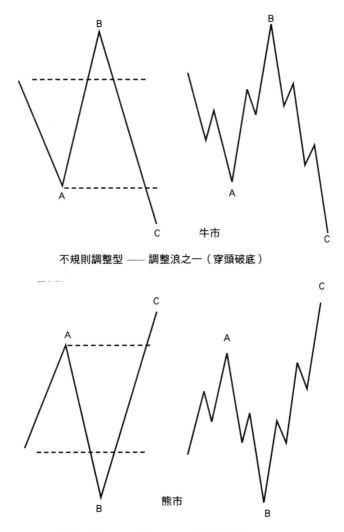

不規則調整型 —— 調整浪之一（穿頭破底）

牛市

熊市

不規則平緩型 —— 調整浪之一（穿頭破底）

圖5-20、圖5-21　不規則平緩型：B浪的高點高於A浪的起跌點
資料來源：作者整理

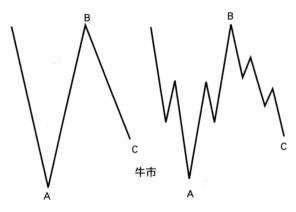

牛市

不規則平緩型 —— 調整波浪之二

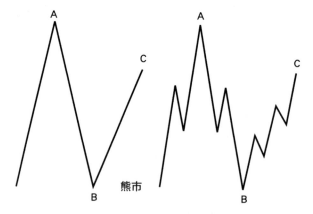

熊市

不規則平緩型 —— 調整波浪之二

圖5-22、圖5-23　不規則平緩型：　B浪高點不高於A浪起跌點
資料來源：作者整理

　　3.「順勢調整型」，通常是在一個明顯的多頭漲勢中，順勢以A-B-C
的向上傾斜型態，來完成調整浪。在這種型態中，C浪的最低點比A浪的
起跌點還要高，圖5-24中的第二浪(2)即為「順勢調整浪」。

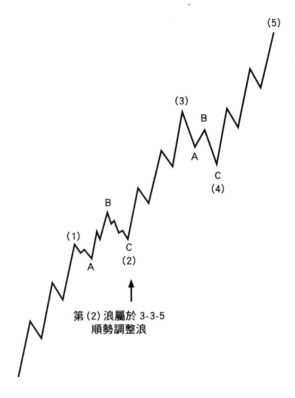

第(2)浪屬於3-3-5
順勢調整浪

圖5-24　順勢調整浪
資料來源：作者整理

　　在圖5-24中，有一個相當重要的原則，即B浪是為三浪形式上升，B浪絕對不行是五浪，若B浪是五浪則會形成「驅動浪」，應規劃為第三浪C浪。符合「調整浪絕不會是五浪」的原則。

(3)三角形

　　三角形的調整型態僅出現在一段行情中的最後回檔，即第四浪中。在這種情況下，多空雙方勢均力敵，來回拉鋸形成牛皮盤檔(Side Way)，成交量較低。通常以3-3-3-3-3共十五個小浪來完成調整。其型態可分為四種，如圖5-25。

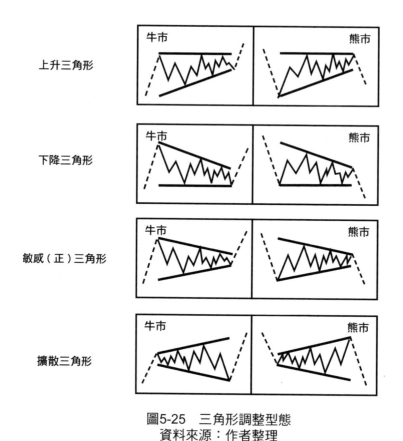

圖5-25　三角形調整型態
資料來源：作者整理

(4)雙重三浪與三重三浪

所謂「三浪」指「曲折三浪」或是「平緩型三浪」的調整。而「雙重三浪」或「三重三浪」即以雙重或三重的方式，出現「曲折型」或「平緩型」。圖5-26即「雙重三浪」的示例；圖5-27即「三重三浪」的示例。

圖5-26與圖5-27中，每一重三浪之間，夾雜著一段上升三浪「X」浪。通常這種走勢的出現，意味著行情趨勢的不明顯，「調整三浪」一再重複，多空雙方蓄勢待發，以等待有利於自己的基本分析消息。這種走勢突破之後，行情會有一段強而有力的走勢。

圖5-26　雙重三浪
資料來源：作者整理

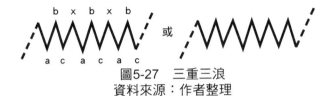

圖5-27　三重三浪
資料來源：作者整理

圖5-28三浪之間，夾雜著一段上升三浪「X」浪。意味著行情趨勢的不明顯。

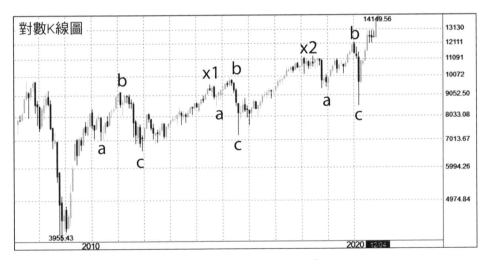

圖5-28　三浪間夾雜上升三浪「X」浪
資料來源：精誠富貴贏家2000

（四）波浪理論的型態原則指導

1.交替原則(The Rule of Alternation)

即「調整浪」的型態是以交替的方式出現。即單式（Simple) 與複式 (Complex) 兩種方式交替出現。假若第二浪是「單式」調整浪，那麼在第四浪便會是複式調整浪。假若第二浪為「複式」，則第四浪便為「單式」，如圖5-29。

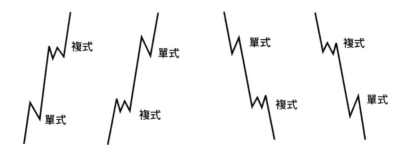

圖5-29　波浪理論的交替原則：單式與複式交替
資料來源：作者整理

在其他的情況下，在一個較大的調整浪中，若出現「平緩型」a-b-c完成大A浪時，接下來有可能以「曲折型」a-b-c來完成大B浪；反之亦然。見圖5-30與圖5-31。

若在較大級數中的A浪是以「單式」完成，那麼在B浪中極可能出現「多重複式」，如圖5-32與圖5-33。

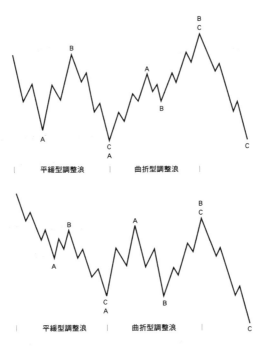

圖5-30、圖5-31　波浪理論的交替原則：平緩型與曲折型交替
資料來源：作者整理

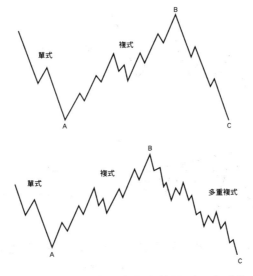

圖5-32、圖5-33　波浪理論的交替原則：多重複式交替
資料來源：作者整理

2. 調整波浪型態預測後市行情

行情趨勢（漲勢）的強弱，可經由調整浪的盤整形式，來加以預測估計，如圖5-34。

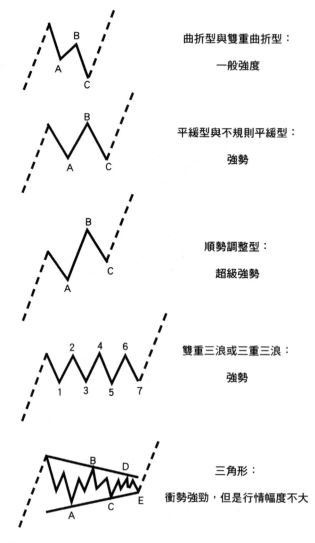

圖5-34　調整浪的盤整形式，預測行情趨勢強弱
資料來源：作者整理

3. 調整浪的數量辨認

依據艾略特的「自然法則」，第四浪的低點不能低於第一浪的高點；第三浪的波幅經常是最長的，而且絕不是最短的一個趨勢浪。以此可以正確辨認浪數，如圖5-35、圖5-36與圖5-37。

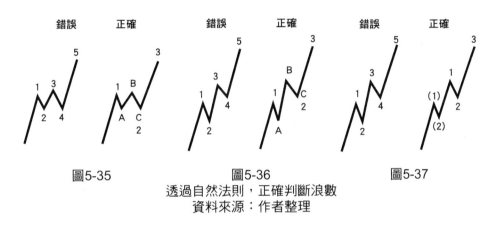

圖5-35　　　　　　　圖5-36　　　　　　　圖5-37
透過自然法則，正確判斷浪數
資料來源：作者整理

4. 波浪幅度相等原則

在第1、3、5浪三個驅動浪中，其中最多只有一個浪會出現延長波浪，而其他兩個驅動浪則約略相等。即使不會相等，仍會以0.618的黃金比例出現在對等的關係。在較大級數的價格波動週期，浪與浪之間的關係，不能純粹以波動幅度來算，而須改用百分比來計算幅度。因此，在一個較大級的波動週期，1982 年至1990年2月(圖5-38)。可以發現，在初升段中的第I浪，為期22個月，大盤指數上漲548點，大約上漲了130%；而在第II浪中，為期12個月則下跌333點，大約52.36%，為第I浪的0.618倍。第III浪，為期28個月，上漲約634.75%。第V浪，為期27個月，上漲大約465.91 ％。

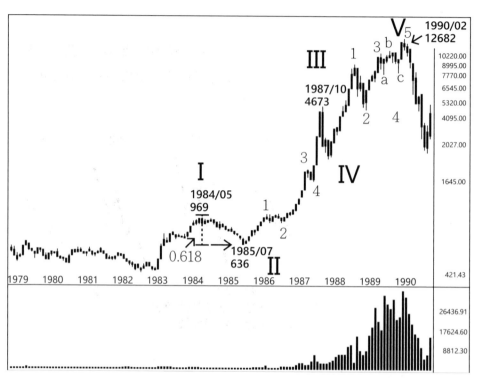

図5-38　大尺度市場變動應以百分比計：台股指數月線圖
資料來源：作者整理

　　而在較小級數的波動週期，價格的比較可以用簡單算術來計算，其百分比自然也很接近。以1929年道瓊工業指數分時圖(圖5-39)的情況而言，我們可以發現，第一浪在47個交易小時內道瓊上漲了35.24點；而當第五浪時，道瓊在47個交易小時亦上漲了34.40點。

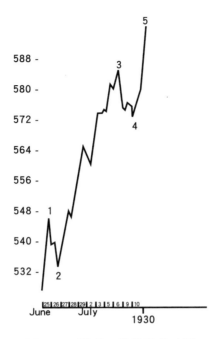

圖5-39　道瓊工業指數分時圖
資料來源：作者整理

5.軌道趨勢

　　艾略特認為「波浪理論的走勢，應該在兩條平行的軌道之內」，見圖
5-40。艾略特建議在較長期(若以日K線來講則八個月以上)的圖表繪製，
應使用「半對數圖表」，用以表示價格膨脹的傾向。以免在特別的高價圈
中出現失真的圖形趨勢。

　　「軌道」的繪製需在第一浪完成之後，即有了第一浪的起漲點「0」，
與第一浪的最高點「1」。然後根據第一浪的漲幅(0至1) 乘以0.618得到
「2」的假設位置。0.618 的比率為波浪理論中以黃金率原理所判斷行情回
檔之幅度，在有了「0、1、2」等三個點之後，由0到2畫一條延長直線；
另一條平行線則經過1點畫出。如此即得到一個「軌道趨勢」，見圖5-41。

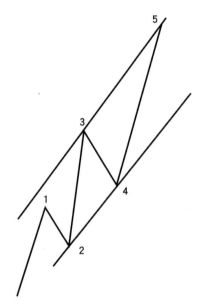

圖5-40　軌道趨勢
資料來源：作者整理

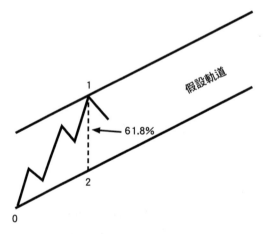

圖5-41　以黃金比例推算軌道線
資料來源：作者整理

假若第二浪低點，無法接觸到前面假設的支撐線時，便要將之修改，如圖5-42。

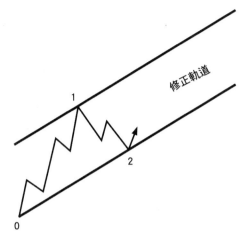

圖5-42　軌道線的繪製，要以實際情況修正
資料來源：作者整理

當第三浪開始發動，若有不能與上面的平行線接觸，或者超過，仍然要加以修改，如圖5-43。

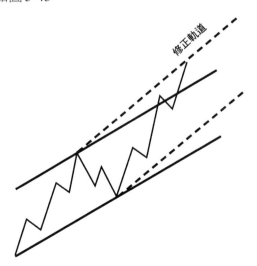

圖5-43　當第三浪發動，要再一次修正軌道線
資料來源：作者整理

第四浪的下跌調整，若是有所誤差。亦需要重新修改，如圖5-44。當依據2、4兩點與3的平行軌道畫出之後，即為最後正確的軌道。

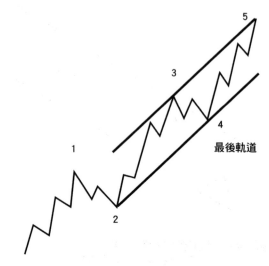

圖5-44　在第四浪的下跌調整後，得到正確的軌道
資料來源：作者整理

Chapter 06

| 價格前進的路徑：移動平均線 |

移動平均線(簡稱：均線)的觀念，是各種技術分析工具中最早且容易明白運用的分析方法，建議每一位投資者都要懂得如何繪製計算及運用。

它的理論基礎是在某一段時間內，將對投資者買賣成本的平均值觀察，運用在預測股市的慣性作用是否受到破壞，而出現相反的趨勢。

（一）移動平均線的意義

在技術分析領域上，移動平均線(Moving Average)是絕不可缺少的指標工具，移動平均線是利用統計學上「移動平均原理」，將每天的股價線路加以移動平均，求出一個趨勢值，用來做為股價走勢的研判。

觀察移動平均線目的有二：

1.單日股價不容易看出趨勢，但若將一段期間的股價加以平均，就可以了解目前股價的平均成本，再將其與當日股價作比較。移動平均線本身

的趨勢斜率可以向投資者提供趨勢情形，從過去股價的變動可以看出，移動平均線開始往上時，此時平均成本增加，獲利者相對減少，若要繼續上漲，則需激起更大的買氣，否則買盤轉弱時，股價就會回跌。當移動平均線開始往下時，成本愈來愈低，稍能激起買氣，則股價上漲機會相對增加。

2.目前道氏理論已廣為世界各國投資大眾接受，移動平均線則是將該理論具體地加以數字化，從數字的變動中去預測未來股價短期、中短期、中期、中長期、長期的變動方向，同時也可以看出成本變動情形。

在某一段期間內的平均價，代表著這段時間內的合理價格，也是多空雙方的暫時平衡點，因此觀察移動平均線，可以得到研判大盤趨向的目的。

股價不跌破某一段時間的平均價時，大勢不見得看壞；但若低於平均價，且愈拉愈遠時，則大勢明顯的有空頭市場的傾向。

所以移動平均線對於任何專業或非專業的投資人而言，都是十分重要的工具之一。事實上從移動平均線的觀念，發展出了許多非常實用的技術分析工具。簡單如乖離率、強弱指標，深入而複雜的，如指數平滑異同移動平均線(MACD)及隨機指標(KD)。

投資人還可以利用移動平均線來預測利潤、風險及買賣技巧的研判。

◎移動平均線能產生的效果

1.一段期間內，能夠使投資達到最大的收益。

2.在某段期間內，損失減至最少。

3.使每個買賣訊號都很清楚的指示，以做出最有效的抉擇。

4.使整個操作過程能夠盡量簡單化。

5使每次交易的利潤達到最大，風險降至最低。

6.在即時盤操作上輔助買賣的敏感性。

（二）移動平均線的種類與原理

我國股票市場從事技術分析的投資人，一般都採用移動平均線來做為研判分析的參考。

移動平均線與道氏理論一樣，依時間長短可分為五種波動，意義相同，只是名稱改為長期移動平均線、中長期移動平均線、中期移動平均線、中短期移動平均線、短期移動平均線，以下介紹五種投資者較當用使用的移動平均線。

1.短期移動平均線

一般都以5天或10天為計算時間。以5天為計算期間的移動平均線，代表一週的平均價位，也就是一週的平均成本。10日移動平均線意義亦同。10日移動平均線是投資人參考與使用最廣泛的移動平均線，它確實能反映短期股價平均成本變動情形與趨勢，可作為短線進出的依據。此外也因為10是整數，小數點最多三位數就可除盡，而且演算與複查方便。

2.中短期移動平均線

技術分析上所指的中短期，大多以一個月為準。因此，中短期移動平均線的計算日期多為21天，稱為「月移動平均線」，代表一個月的平均價位或平均成本。有些技術分析者，為了符合日曆上的所謂月分（其中至少有四個星期假日），所以用21天移動平均線來做中短期移動平均線。大致說來月移動平均線有效性極高，尤其可在股市尚未十分明朗前，可預測股價未來變動方向。

3.中期移動平均線

以65日計算移動平均線，俗稱「季線」，這是移動平均線精華之所在，將移動平均線的特點完全顯示出來，原因是：

(1)所採用樣本大小適中，國內股票上市公司都是一年分四次公布各季的損益表，各行業景氣變動亦是從各季來觀察未來的盛衰，公司董監事與大客戶可先取得這方面第一手實料，因此先行買進或賣出，作手炒作行情亦以三個月為一期。

(2)波動幅度較短線移動平均線平滑而有軌跡可尋，較長期移動平均線敏感度高，反轉點也較明顯有效。

4.中長期移動平均線

130日的半年線，在台灣以年線260日為準。

5.長期移動平均線

在歐美股市技術分析所採用的長期移動平均線，多以200天為準。因為經過美國投資專家葛蘭碧(Granville E. Joseph)研究與實驗移動平均線系統後，認為200日移動平均線最具代表性，在國內則是超級大戶、中實戶與作手操作股票時參考的重要指標。投資人將未來一年，世界與國內經濟景氣動向，各行業的展望、股票發行公司產銷狀況與成長率仔細研究後，再與其他投資環境（例如銀行利率變動，房地產增值比率，以及投資設廠報酬率）做一比較，若投資股票利潤較高，則進行市場操作。由於進出數量龐大，炒作期間長，必須要了解年平均變動情形，故以此樣本大小最能代表長期移動平均線。

一般繪製股價移動平均線，很少在一個圖上僅繪製一根移動平均線，因為僅僅一條移動平均線，只能約略看出股價趨勢，股價移動平均線至少

必須配合股價日線，才更具有參考研判的價值。通常完整的圖形大多具備短、中短、中、中長、長期移動線及日線。

◎**移動平均線的建立**

移動平均線計算的公式如下：

$$N 日移動平均線 ＝ N 日收盤價之和 / N 日$$

（三）移動平均線的特性

股價技術分析者利用移動平均線來分析股價動向，主要是因為移動平均線具有幾項特性：

1.**趨勢的特性**

移動平均線能夠表示出股價趨勢的方向，所以具有趨勢的性質。

2.**穩重的特性**

移動平均線不像K線會起起落落震盪。而是起落相當平穩，向上的移動平均線通常是緩緩的向上，向下的移動平均線也會是緩緩朝下。

3.**安定的特性**

通常愈長期的移動平均線，愈能表現安定的特性，即移動平均線不會輕易往上往下，必須等到股價漲勢真正明朗，移動平均線才會往上延伸；而且經常股價開始回落之初，移動平均線卻是往上的，等到股價跌勢顯著時，才見移動平均線走下坡，這是移動平均線最大的特色。愈短期的移動平均線，安定性愈差，愈長期的移動平均線，安定性愈強。但也因此使得移動平均線有延遲反應的特性。

4.**助漲的特性**

股價從移動平均線下方向上突破，移動平均線也開始向上方移動，

可以看做是多頭支撐線，股價回跌至移動平均線附近，自然會產生支撐力量。短期移動平均線向上移動速度較快，中長期移動平均線向上移動速度較慢，但都表示一定期間內平均成本增加，買方力量若仍強於賣方，股價回跌至平均線附近，便是買進時機，這是移動平均線的助漲功效，直到股價上升緩慢或回跌，移動平均線開始減速移動，股價再回至平均線附近，此時平均線失去助漲效能，將有重返平均線下方的趨勢，最好不要買進。

5.助跌的特性

反過來說，股價從移動平均線上方向下跌破，移動平均線也開始向右下方移動，成為空頭阻力線，股價回升至平均線附近，自然產生阻力。因此，在移動平均線往下走時，股價回升至移動平均線附近便是賣出時機，移動平均線此時有助跌作用。直到股價下跌緩慢或回升，移動平均線開始減速移動，股價若再與移動平均線接近，此時移動平均線便失去助跌意義，將有重返移動平均線上方的趨向，不需急於賣出。

（四）股價與移動平均線的關係

由於移動平均線可以分為短期、中短期、中期、中長期、長期移動平均線五大類，因此交易者可以利用快、慢不同速度的移動平均線來決定買進與賣出的時機。當現時價位站穩在長短期移動平均線時，即為買進時機；而同時跌破長短期移動平均線時，即為賣出時機。此種趨勢預測方式，其基本著眼點即為利用移動平均線延遲反應的性質，藉著兩根以上的線來比較，以求得股價的趨勢。

通常股價與移動平均線的區別，是日線反應最快，長期移動平均線反應慢，介乎兩者之間的是短期移動平均線及中期移動平均線。所以如果日線在短期移動平均線之上，只能表示短期看好而已；如果日線在短期移動平均線之下，短期移動平均線在中期移動平均線之上，則只能表示中期

看好；如果日線最上，短期移動平均線其次，接著為中期移動平均線，最底下為長期移動平均線，才能表示長期看好。相反的，日線在短期移動平均線下面，表示短期看淡；日線在短期移動平均線上面，短期移動平均線在中期移動平均線下面，表示中期看淡；日線在短期移動平均線以下，短期移動平均線在中期移動平均線以下，中期移動平均線在長期移動平均線以下，則表示長期看淡。

上述只是移動平均線分析的基本原則，至於買入股票或賣出股票時機，則必須從兩根線的交叉或突破，以及兩根線的距離，來做分析比較。

（五）移動平均線的應用原則

1.葛蘭碧移動平均線八法則

美國投資專家葛蘭威爾（Joseph E. Granville）所提出的移動平均線八法則，短線用無影線（10日移動平均線），中短線用趨勢線（21日移動平均線），中線用生命線（65日移動平均線），長線用年線（260日移動平均線）。

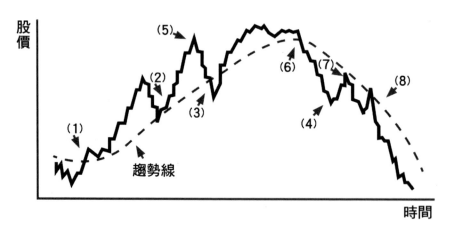

圖6-1葛蘭碧移動平均線八法則
資料來源：作者整理

(1)均線從下降逐漸轉為水平，且有往上升的跡象，而股價從均線的下方突破均線時，便是買進時機。

(2)股價趨勢在均線之上，股價下跌而未跌破均線，再度上升，亦為買進時機。

(3)股價跌至移動平均線下方，此時均線短期仍為繼續上升趨勢，是買進時機。

(4)股價突然暴跌，距離均線非常遠，極有可能再趨向均線，亦為買進時機。

(5)股價在上升中，且在均線之上，但離均線愈來愈遠，則隨時會產生獲利回吐的賣壓，亦為賣出時機。

(6)均線波動從上升趨勢逐漸轉為水平，或股價向下跌破均線時，賣壓漸重，為賣出時機。

(7)股價在均線之下，上升時未突破平均線，且又反轉向下，則須賣出持有股票。

(8)股價在均線附近徘徊，而且均線繼續下跌，則仍為賣出時機。

葛蘭碧法則中(4)與(5)雖是可使用的原則，但是沒有明示投資人股價距均線究竟多遠才可買進或賣出，這是一大缺陷，幸好可用乖離率來補充研判上的不足。

2.13 週(季線)與26週(半年線)移動平均線的應用

週K移動平均線的主要用途，主要在於辨認股價趨勢是否維持不變或已有反轉跡象，因為週移動平均線的設計，目的即是為顯示股價的長期趨勢指標。理論上13週及26週移動平均線的基本運用原則大約有下列幾項：

(1)與前述葛蘭碧八大法則的買賣時機大致相同。

(2)只要K線乃停留在13及26週均線之上，仍可確認為一多頭市場。

(3)當週股價上漲，向上突破26週移動均線，而26週移動均線成反轉向上時，表示空頭市場結束，多頭市場已經開始。

(4)多頭市場中，當週股價上升幅度高於26週移動均線，其13週乖離率達10以上時，可能產生中期回檔，因兩者乖離程度愈大，其反壓愈重。

(5)只要週K線低於13週及26週均線之下，仍應認為是空頭市場。

(6)當週股價下跌，向下跌破26週移動均線，而26週均線已呈反轉向下時，表示空頭市場開始。

(7)空頭市場中，當週股價下跌幅度低於26週移動均線，而其13週乖離率達10以上時，可能產生中期反彈，因兩者乖離程度愈大，其反壓則愈重的結果。

上述七個原則用於大勢與個別股的技術分析時，有同樣的效用。

（六）利用移動平均線的操作

在牛皮股市（箱型整理）中效果（利潤）會打折扣。例如：利用10MA(10日移動平線)來操作的缺點在出入次數太多，利潤並不及運用50MA(50日移動平均線)的多，所以我為了避免短期均線遇到無謂的操作，在均線上下繪製與均線相平行的過濾線，當股價或指數穿越均線時不立刻採取行動，待正式穿越過濾線時再做買賣的抉擇。（過濾線是平均線加減0.8%，如壓力線在100元，則100×1.008=100.8。）

移動平均線時間的長短大約可分為五種，使均線產生六大秘笈及單一均線操作兩大訣竅：

◎六大秘笈

1.交叉：可分為黃金交叉、死亡交叉與一般交叉。

(1)黃金交叉：短天期的均線突破長天期的均線，並且兩條均線同時往上，形成多頭排列的型態，當均線出現黃金交叉時，為買進訊號。

(2)死亡交叉：短天期的均線跌破長天期的均線，並且兩條均線同時往下，形成空頭排列的型態，當均線出現死亡交叉時，為賣出訊號。

上述所說的黃金交叉與死亡交叉，與葛蘭碧八大法則的買點(1)與賣點(5)並不相同，黃金交叉與死亡交叉指的是兩條移動平均線的交叉，而葛蘭碧八大法則的交叉點為K線與一條均線的交叉，兩者的意義並不相同，不要將兩種情況搞混。

(3)一般交叉：即一條均線往上，另一條均線往下。當短天期均線不管往上穿越或往下跌破其他較長均線之後，並無力進一步改變其他中長均線方向，則表示當時只是短線的局部反彈或回檔格局，並未影響原先的中長軌道。這樣的交叉還不能稱之為標準的黃金交叉或死亡交叉，我們稱為一般交叉。

2.排列：可分為多頭排列與空頭排列。

(1)多頭排列：越短天期的均線在越上面，越長天期的均線在越下面。

(2)空頭排列：越長天期的均線在越上面，越短天期的均線在越下面。

兩均線不管是黃金交叉或死亡交叉，之後都會有排列的現象。排列通常也只粗分兩種：多頭排列與空頭排列。黃金交叉之後，2日均線或3日均線或4日均線，甚至5日均線、6日均線（如3日、6日、12日、24

日、72日、144日）齊步上捲，則可稱之標準的多頭排列，這是多頭股價走勢最盛的現象，量價未嚴重失控之前(請參閱第九章)，任何的拉回都是買點。

但以上這種說法只不過是解釋表面的現象而已，並沒有表現出排列的真正涵意，其多頭排列真正代表的涵意是「買得越久，就賺的越多」，既然買得越久賺的越多，那麼短、中、長期的買盤必然紛紛介入，若買盤來自於中長期的投資者，則不會輕易出脫手中持股，只有短線投資者為了短線獲利，不斷搶進與搶出，由於賣壓只有短線的獲利者，而中長期投資者抱牢手中持股，使得股價穩固，行情自然漲多跌少了。空頭排列的狀況正好相反，請舉一反三。

3. 開口：兩條均線以上有排列時，就一定會產生開口，開口大小顯示短、中、長期均線的成本差距，這成本差距會產生趨勢中的反彈及回檔的空間。基本上，以中長期的趨勢為主方向，在開口下的反彈或回檔是一種修正過程，有利於短期操作。可分為向上開口與向下開口：

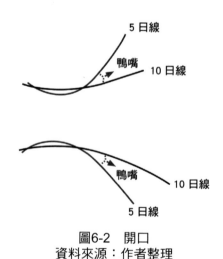

圖6-2　開口
資料來源：作者整理

(1)向上開口：當短天期均線在上、長天期均線在下時，即會產生向上開口，當開口越大時，表示兩條均線乖離程度越大，而向下回檔的力道就越強。

(2)向下開口：當短天期均線在下、長天期均線在上時，即會產生向下開口，當開口越大時，表示兩條均線乖離程度越大，而向上反彈的力道就越強。

4.斜率：可分為兩種。斜率越陡代表力道愈強，當斜率越大時角度就越陡。

(1)高角度上漲的股票就是高獲利的股票，代表多空趨勢，高角度上漲的股票需盤頭完成後才會改變原來方向。一般而言，斜率越陡則持續時間越短，斜率較平滑（角度適中）則持續的時間較久。

(2)高角度下跌的股票就是放空的最佳標的，因為高角度下跌的股票須等盤底完成後才會改變原來的方向。

5.背離：一條均線往上，另一條均線卻反方向往下時，即為背離。通常會出現在反彈及回檔的趨勢中，若兩均線出現背離時，應逢低買進、逢高賣出。

6.扣抵：為了維持固定期間的移動平均，一定要有「扣抵」的動作，比如說：「6天均線」為維持6天的動態平均，則每一天的新增數值出現後必須把6天前的舊數值扣除，這叫「扣抵」。扣抵過程由於可先知所要扣的數值高低，以及新數值大概高低，因此不難推測這條均線的趨勢方向。扣抵的意義除了維持天數的完整，也能預知未來可能的趨勢方向。

◎單一均線操作兩大訣竅

1.轉折

當均線反轉時即會產生轉折。均線向下轉折時，多方應有所防備，若有跌破支撐，即應出清手中持股；相反的，均線向上轉折時，空方應有所防備，若有突破壓力，即應回補手中空單，以免招受損失。

2.割弦原理

兩點所連成的線段，割弦原理的製作是以一條小直線將均線分割成小部分。

(1)使用21日平均線。

(2)選定的「割弦」期間是每五日為一個單位。

$$利潤值(P) = 今日的21日均線(a) / 五天前的21日均線(b)$$

$$若 a > b，結果 P > 1 若 a < b，結果 P < 1$$

將各個割弦的結果值P連起來，便形成「弦坡」一樣，即可清楚了解「弦坡」的上升或下降情況。其買賣訊號的運用如下：

A.買進訊號：「弦坡」由< 1，轉為> 1，割弦秘笈的買進訊號是出現在割弦斜率轉為正之時，也就是每當割弦的斜率轉為正時，為買進訊號。

B.賣出訊號：「弦坡」由> 1，轉為< 1，割弦秘笈的賣出訊號是出現在割弦斜率轉為負之時，也就是每當割弦的斜率轉為負時，為賣出訊號。

若運用不同時間長短的均線做出割弦的利潤值，可得知背離的買賣訊號。

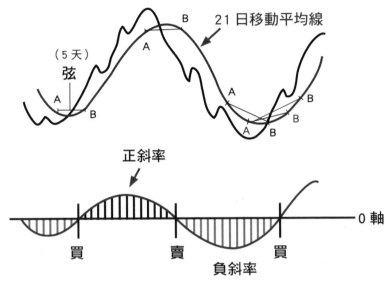

圖6-3　割弦秘笈
資料來源：作者整理

　　六合神功割弦秘笈是職業操盤手必備的專業技巧，它是世界上頂尖操盤手要獲得最大利潤的秘笈，操盤手想在短時間內獲得最大利潤，必須手中的持股都是漲幅排名在前幾名，只要它的漲幅有收斂現象出現時，立即換股操作，始終保持手中持股皆為超強勢股。

　　割弦用21日均線(月線)及每週期5日為一段，由割弦理論的速量可應用在預測市場的反轉與一波行情能走多久。

（七）移動平均線的基本圖形

　　建立長期移動平均線系統，便可從均線波動方向了解均線移動情形，也就是成本變動狀況，進而先作準備，當趨勢露出曙光時即買進股票；大勢呈現疲態轉弱時則賣出股票。

1.單一均線走勢的種類

(1)均線高角度下降、走平後向上回升、轉多訊號。股價高角度急跌必須經過整理後才能回升，然後買進。

圖6-4　整理後回升均線走勢圖
資料來源：作者整理

(2)均線高角度上升、走平後向下回落、轉空訊號。股價高角度急漲必須經過整理後才會回跌然後作融券放空。

圖6-5　整理後回跌均線走勢圖
資料來源：作者整理

(3)均線拋物線緩慢上升、加速上升、走平。多頭市場均線標準走勢。

圖6-6　多頭市場均線標準走勢圖
資料來源：作者整理

(4)均線拋物線緩慢下降、加速下跌、走平。空頭市場均線的標準走
　　勢。

圖6-7　空頭市場均線標準走勢圖
資料來源：作者整理

(5)平滑曲線上升。上漲波短線整理的走勢。

圖6-8　上漲波短線整理均線走勢圖
資料來源：作者整理

(6)平滑曲線下降。下跌波短線整理的走勢。

圖6-9　下跌波短線整理均線走勢圖
資料來源：作者整理

2.多頭市場與空頭市場均線的走勢

(1) 多頭市場：強勢

A.趨勢上升時，股價中途強勢整理。

B.均線走勢：均線高角度上揚→以水平方向強勢整理→整理後隨即
　加速拉升，展開另一波漲勢。

圖6-10　強勢多頭市場
資料來源：作者整理

(2) 多頭市場：一般

A.趨勢上升時，中途遭受蓋頭反壓，股價、經較長時間回檔整理。

B.均線走勢：經過一段漲幅均線往上拉升→以向下彎曲方向整理→
　整理後均線轉折，買盤介入，使股價創新高，並展開另一波漲勢。

圖6-11　一般多頭市場均線走勢圖
資料來源：作者整理

(3)空頭市場：弱勢

A.**趨**勢下降時，中途反彈遭受極大賣壓，股價中途弱勢反彈。

B.均線走勢：均線呈高角度下跌→以水平方向弱勢反彈→反彈後隨
　即加速重挫，展開另一波跌勢。

圖6-12　弱勢空頭市場均線走勢圖
資料來源：作者整理

(4)空頭市場：一般

A.**趨**勢下降時，中途反彈賣壓湧現，股價經較長時間反彈整理。

B.均線走勢：均線呈高角度下跌→以向上彎曲方向整理→整理後均
　線向下轉折，使股價創新低，並展開另一波跌勢。

圖6-13　一般空頭市場均線走勢圖
資料來源：作者整理

(5)盤整時期

A.股價近期漲跌互見，呈盤整格局，走勢混沌不明，所謂牛皮行情
　見之。

B.均線走勢：上漲→走平→下跌，不斷循環，使漲後低點成支撐；
　跌後高點成壓力。只要支撐不破、壓力不過，將繼續盤整。

圖6-14　盤整時期均線走勢圖
資料來源：作者整理

　　由以上的圖表可以得知均線最重要的是方向，因此不是往上漲就是
往下跌不然就是橫向盤整，只會有這三個方向。

（八）均線多空排列組合

　　若用三條短、中、長期的均線排列組合可以判斷趨勢及其變化(見圖
6-15)。

◎操作訣竅

1.K線在圖6-15六個圖表的位置不同會產生買進、賣出、觀望的訊
　號，我們依據前述六大均線秘笈可以執行操作。

2.由於長、中、短的均線在排列組合時會產生交叉，此時投資者可以
　形成鴨嘴的大小來決定上漲的力道，選擇鴨嘴大的投資獲利較快。

3.K線力道配合均線的位置可以尋找到波段飆馬股，例如：長紅棒穿
　越5日均線且5日均線線上是最佳買點(見圖6-16)。

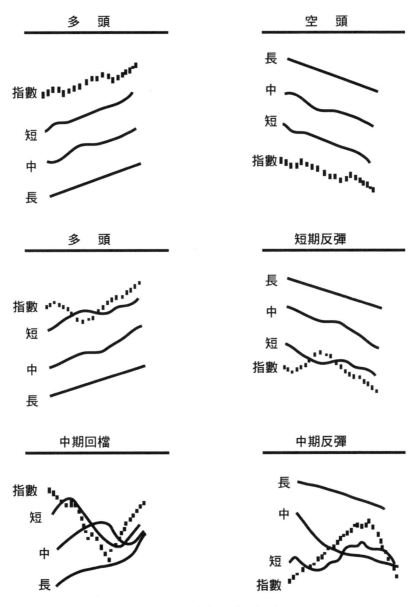

圖6-15 均線多空排列組合
資料來源：作者整理

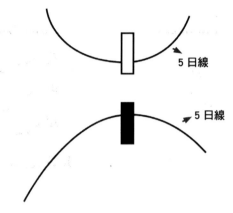

圖6-16　K線與均線

資料來源：作者整理

（九）多空指標

1.計算方法

（3日平均價+6日平均價+12日平均價+24日平均價）÷ 4

2.操作訣竅

(1)靜態覬察

A. 3日大於指標（短期轉好）為正，指標大於24日（中期轉好）

B. 3日小於指標（短期轉壞）為負，指標小於24日（中期轉壞）

(2)動態操作

A. 3日均價由小而大向上突破指標時買進，此項突破有兩種型態：

強勢：突破點開口大，3日均線上升角度良好，3日突破指標後不久（2日內）指標又馬上突破24日（此時宜加碼買進）。

弱勢：突破點開口小，3日均線上升後角度呈水平，3日突破指標後，

指標未能在3日內突破24日（此時宜逢高賣出）。

B. 3日均價由大而小向下跌破指標時賣出，此項跌破有兩種型態：

惡性：跌破點開口大，3日均線下跌角度較大，3日跌破指標後不久(2日內) 指標又馬上跌破24日（此時持股一定賣出，空手放空）。

良性：跌破點開口小，3日均線下跌後角度呈水平，3日跌破指標後，指標未在3日內跌破24日（此時持股可再觀察幾天再決定是否賣出）。

3. 秘笈

(1) 指標為正時，指標值即變成當日股價之自然支撐。

(2) 指標為負時，指標值即變成當日股價之自然壓力。

(3) 指標強勢轉正後，股價回檔整理，3日均線接近指標，指標仍向上或呈水平，3日均線再往上行時可在此中途買進。

(4) 指標惡性轉負後，股價進行反彈，3日均線接近指標，指標仍向下或呈水平，3日均線再往下（或突破後再跌破指標）時可在此中途放空。

(5) 股價急漲或急跌時，可以3日均線減去指標值再除以指標值求出乖離值，以觀察大正後開始下跌時，做拔檔賣出；或大負後開始回升時，做買進動作。

Chapter 07

| 趨勢轉折的指標：型態 |

　　詳細觀察股價的長期上升過程，不斷的創新高價的過程中仍然會產生回檔情況。相反的，股價長期下跌過程，不斷的創新低價的過程中也仍然會產生反彈回升情況。

　　股價的反轉，是指股價從上升行情（或多頭市場）轉為下跌行情（或空頭市場）；或是指股價從下跌行情轉為上升行情。反轉型態，是指技術分析者表達股價朝相反方向波動之圖形。整理型態是指股價走勢沒有明顯的方向，等待形成上升或是下降**趨勢**的狀態。

　　本章主要針對股價的反轉型態與整理型態類別做出說明：

　　反轉型態分為：1.頭肩頂、頭肩底;2.雙重頂、雙重底;3.三重頂、三重底;4.圓形頂、圓形底;5.V字型、擴張字型;6.菱形;7.擴大型態。

　　整理型態分為：1.旗形;2.三角形;3.楔形;4.矩形;5.扇形。

(一) 反轉型態

1.頭肩頂、頭肩底

最典型的頭部及底部型態，即為頭肩型態，其可被用來作為主要之反轉指標。此型態之形狀是由頭部及左右兩肩所組成。

(1)頭肩頂型態

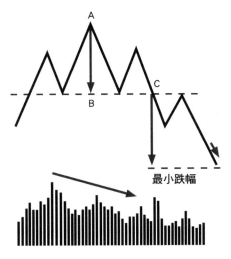

圖7-1　頭肩頂型態
資料來源：作者整理

見圖7-2依照頭肩頂形態，台泥高點為306元，藉由軟體畫線可得知頸線的位置為51.3元，得知下跌比率為306/51.3 = 5.965，再把51.3/5.965，即可得到最少要跌到8.6元，實際結果為2001年10月，當時股價約為7元。

圖7-2　頭肩頂實例：台泥（1101）
資料來源：精誠富貴贏家2000

◎構成原因

　　頭肩頂型態，是股價從上升行情（或多頭市場）轉變為下跌行情（或空頭市場）的一種線路圖形。實際股價波動產生之頭肩頂並不一定是很明顯的對稱狀況。然而，不論實際形狀如何變化，左肩與右肩必具有某些程度之對稱性，而且頭部必然會略高於左肩及右肩。

　　頭肩頂初時，看好的力量不斷推動股價上升，市場投資情緒高漲，出現大成交量，經過一次短期的回落調整後，那些錯過上次漲勢的人在調整期間買進，股價繼續上升，而且攀越過上次的高點，表面看來市場仍然健康和樂觀，但成交量已大不如前，反映出買方的力量在減弱中。由於那些對前景沒有信心和錯過了上次高點獲利回吐的人，或是在回落低點買進做短線投機的人紛紛脫出持股，於是股價再次回落。第三次的上升，為那些錯過上次上升機會的投資者提供了機會，但股價無力超越上次的高點，而成交量進一步下降時，差不多可以肯定過去看好的樂觀情緒已完全扭轉過來。未來的市場將是疲弱無力，一次大幅的下跌即將來臨。

◎特徵

1.強勁的上升趨勢使股價達到一個新高點,此時成交量往往增加到相當龐大之數額(註:成交量若達到最高時,往往是市場主力脫手之徵兆)。此項漲勢形成「左肩」,其往往是長期漲勢後之結果。

2.股價達到「左肩」之高點後,會形成下跌之短期(次級)盤整情形,成交量也會相對地減少(比形成左肩之大量成交量要少很多)。此一階段可能會形成略向右下方傾斜之燕尾旗(三角旗),其可預測股價會向上突破而形成頭肩頂之「頭部」。但是,此一階段也可能形成下跌三角形之反轉型態,其可預測股價會向下跌破,形成另一段下跌行情。

3.股價突破燕尾旗之後,強勁的上升趨勢又使股價達到比左肩頂點更高之「頭部」形狀。此一頭部形狀是頭肩頂之主要構成點。形成頭部時成交量通常會增加。但是,此一新高點將會被迅速滑落的股價及大量成交量所拉回。

4.股價回跌將形成另一個略向右下方傾斜之燕尾旗(三角旗)或三角形,此一型態之次級突破,成交量往往會減少(沒有大量之成交量),因而形成第三新高點,此即為「右肩」。

5.兩個燕尾旗(或旗形)或三角形之最低點,形成頭肩項之頸線。當股價向下跌破頸線時,即為明顯的賣出信號。頭肩頂型態若以支撐線、抵抗線之理論來加以解釋,則可以連結左肩頂點及右肩頂點之趨勢線而形成抵抗線(上限),至於連結左肩底點與右肩底點之趨勢線即形成支撐線(下限,頸線)。股價向上突破抵抗線(上限)後隨即迅速回跌到抵抗線與支撐線之軌道內,似乎反映出股價經歷長期漲升之後已經形成高價圈。

◎頭肩頂的運用

1.頭肩頂最小跌幅的預測幅度是頸線B與最高點A間的距離，再從頸線跌破點C向下測量A、B之間的距離，作為預測股價將會下跌的最小跌幅。（見圖7-1）

2.當右肩跌破頸線，隨後即升起時立即出售手中持股。其代表頭肩頂型態已經形成。當然，技術分析者也可以提前在頭部或左肩形成時，設定停利點並立刻拋售手中持股，藉以停止損失。某些時候，頸線跌破之後會有一次反轉，當第一次反轉向上時可以出售手中持股，此即為「逃命線」。

3.右肩與頭部之高度比例並沒有一定標準。但是，正確的情況下，右肩高度約為頭部高度之0.618距離。因此，可將頭部高度之0.618距離視為出售之目標價格水準。但若股價之波動發展出乎預料地漲至頭部以上時，可將頭部視為停止損失點。

4.當頭部形成時，立即拋售手中持股。停止損失點可以設定在股價波動之較高點，雖然可以減少風險，但是成功之機率較小，原因在於技術分析者很難預測何處是較高點。

5.一般來說左肩和右肩的高點大致相等，部分頭肩頂的右肩較左肩為低。但如果右肩的高點比頭部還要高，此型態便不能成立。

6.如果頸線向右下跌傾斜，顯示市場非常疲乏無力。

7.成交量的多寡是左肩最大，頭部次之，而右肩最少。

(2)頭肩底型態

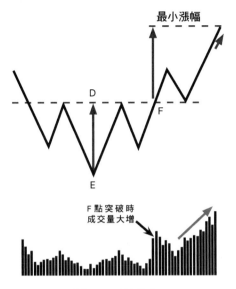

圖7-3　頭肩底
資料來源：作者整理

圖7-4　頭肩底實例：國巨（2327）
資料來源：精誠富貴贏家2000
(註：本圖為還原權值)

依照頭肩底型態，國巨的低點為6.31元，由圖我們可得知第一段漲幅為6.31元到68.2元，得數字68.2/6.31=10.808，並把68.2×10.808得數字737，737元為最小漲幅，實際結果為2018年7月，當時股價為862元。

◎構成原因

頭肩底型態，是股價從下跌行情（或空頭市場）轉變為上升行情（或多頭市場）之一種築底線路圖形。它的形狀正好與頭肩頂型態相反。

一般來說，頭肩頂型態的向下跌破並不一定要有大量成交量相配合。但是，頭肩底型態的向上突破則要有大成交量相配合，否則也只能算是假突破。某些技術分析者甚至認為，頭肩頂型態及頭肩底型態的跌破或突破，需收盤價突破頸線幅度起過該個別股市價3％以上（亦即收盤價與頸線之距離為市價之3％以上），才是有效之突破。對於多頭操作者而言，頭肩底型態是非當重要的買進信號。此種型態之形成，短則一、二週（從日K線觀察次級行情），長則一年、半載（從週K線圖觀察中長期行情）。標準的頭肩底型態顯示明顯的對稱狀況，實際股價波動，產生之頭肩底型態卻可能產生變形。不論如何，左肩與右肩必具有某些程度之對稱性，而且底部必然會略低於左肩及右肩。

頭肩底的構成原因和頭肩頂沒有兩樣，它告訴我們過去的長期性趨勢已扭轉過來，股價一次再一次的下跌，第二次的低點（頭部）顯然較先前的一個低點為低，但很快地掉頭彈升，接下來的一次下跌，股價未跌到上次的低點水平已獲得支撐而回升，反映出看好的力量正逐步改變市場過去看淡的形勢。當兩次反彈的高點阻力線（頸線）打破後，顯示多方已完全把空方擊倒，買方代替賣方完全控制整個市場。

◎**特徵**

1.強勁的下跌**趨**勢使股價達到一個新低點，隨後向上反彈至頸線附近即又下跌，形成「左肩」。此一階段成交量沒有明顯增加。

2.股價之再次回跌，成交量會逐漸消失，一直達到比左肩更低之點，即為「底部」。此後股價反彈回升，成交量也有明顯增加之勢。

3.股價回升到頸線附近，又回跌到另一高於底部之低點，即為「右肩」。

4.股價形成「右肩」後，再反彈回升，大量成交量配合之下，股價衝破頸線，頭肩底型態即已完成。

5.連結左肩與右肩之頂部高價點，即為頸線。當股價突破頸線時（註：要有大量成交量相配合，否則只是假突破。另外一種說法是，收盤價突破頸線幅度要起過該個別股市價3％以上，才是有效突破），可視為勇敢買點。

◎**頭肩底的運用**

1.頭肩底最小漲幅的預測幅度是頸線D與最低點E間的距離，再從頸線突破點F向上測量DE之間的距離，作為預測股價將會上漲的最小漲幅。（見圖7-3）

2.當右肩形成、頸線突破時，就是一個真正的買入訊號，雖然股價和最低點比較，已上升一段幅度，但升勢只是剛剛開始，表示買入的投資者應該繼續追入。右肩與底部之高度比例並沒有一定標準，但是正當的情況下，右肩高度約為底部高度之0.618距離。因此，可將底部高之0.618距離視為買進之目標價格水準。但若股價之波動發展出乎預料地跌至底部以下時，可將底部視為停止損失點。

3.當底部形成時，立即建立基本持股。停止損失點可以設定在股價波動之較低點，雖然可以減少風險，但是成功之機率較小，原因在於技術分析者很難預測何處是較低點。

4.一般來說左肩和右肩的低點大致相等，部分頭肩底的右肩較左肩為低。但如果右肩的低點比底部還要低，此型態便不能成立。

5.如果頸線向上傾斜，顯示**趨勢**較強勢。

6.一般來說，頭肩底型態較為平坦，因此需要較長的時間來完成。

(3) 複合頭肩型態

頭肩型態之另一種變形，就是複合頭肩型態。所謂複合頭肩形型態大致有四種類型：

1.由兩個大小相同之左肩，一個頭部（底部）、兩個大小相同之右肩所組成。

2.兩個頭部（底部）、左右肩各由一個或一個以上之肩部所組成。

3.頭部（底部）並不很明顯，左肩及右肩各有兩個。

4.由兩個大小相同之左肩、一個頭部組成，類似於三重頂，但頭部較為突出。

複合頭肩型態又可分為複合頭肩頂型態、複合頭肩底型態。它的原理與頭肩型態大致相同，但較當發生於空頭市場、多頭市場之原始**趨勢**之頭部或底部（註：中級行情**趨勢**較少發生此種型態）。事實上，複合頭肩型態是股價長期上升行情或下跌行情產生之原形。

2.雙重頂、雙重底

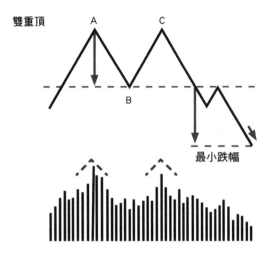

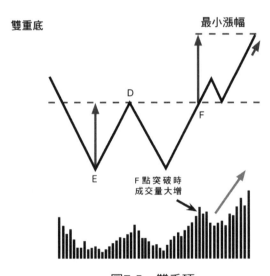

圖7-5　雙重頂
資料來源：作者整理

圖7-6 雙重頂實例：精英（2331）
資料來源：精誠富貴贏家2000

　　依照雙重頂的型態可知，精英最高點為25.8元頸線位置為17.4元，得知下跌的幅度為17.4/25.8，從而得知17.4/25.8 = 0.6744，再把17.4×0.6744 = 11.74，11.74元為最少跌幅，實際結果為2019年8月的最低點10.15元。

圖7-7 雙重底實例：嘉泥（1103）
資料來源：精誠富貴贏家2000

依照W底型態，嘉泥在2001年2月時是頸線的位置，股價為8.5元，下跌至2001年10月，當時股價為5.7元，可得數字8.5/5.7 = 1.491，再把8.5×1.491 = 12.68，12.68為最小漲幅，實際結果為2002年7月，股價已上漲至14.2元。

◎構成原因

這兩種圖形因為很像英文字母的M和W，所以國人也習慣稱其為「M頭」與「W底」。

雙重頂的基本*趨勢*，是股票在經過上捲之後，在高檔遇到阻力，這種阻力的產生，一者是低價購入的投資人，在股價激揚之後已經獲利，並獲利了結，落袋為安；另一者是市場主力逢高拔檔，減少持股，或減輕成本，此時會在A的位置形成一個峰頭。然後回跌至B的位置遇到支撐，此時的支撐買盤，一是市場主力拔檔後補償，以免股價續跌，人氣渙散；另一是前段沒上轎的客人，因股價在新買盤介入後，進場買進，使股價再上揚一段，達到C的位置。

當股價升至C又遇到賣壓，股價再折返，當股價跌破B位置時，顯示股價已跌破頸線，股價有繼續下跌的可能。

股價在C第二個峰頭所形成的賣壓，大致是下列幾項：

1.市場主力在A峰並沒有將手中持股全部拋售，因此股價回跌至B，再拉升至C峰時，將手中所剩下的其他持股，再度出清。

2.一般投資人見該股從A峰回跌後，來不及出清，等主力再拉升至C峰，剛好是出脫機會。

3.在B點承接的投資人，原本是搶短線，見該股升至C峰時，獲利了結雙重頂通常A峰的成交量較大，C峰的反彈行情，股價可能達不到A

峰，也可能越過A峰，但典型的M頭，大多在C峰的成交量不及A峰，從成交量觀察出其弱勢表現，當然這也有例外。

一般而言，M頭出現騙線的機率很高，原因是M頭也可能在形成的過程中，由阻力區轉為支撐區，當C峰回跌至B的股價水準，如果得到有力支撐而股價回升時，股價趨勢圖形就有可能由「M頭」轉為「W底」，這種情形在日線中經常出現，這是投資人不可不明辨的地方。雙重底是倒轉的雙重頂，含意一樣。

◎**特徵**

1.雙重頂或雙重底是一個反轉型態。當出現雙重頂時，即表示股價的上漲趨勢已經結束；當出現雙重底時，即表示跌勢已告一段落。

2.雙重頂或雙重底是長期性趨勢（8~13週）的頂部或底部，所以當雙重頂形成並跌破頸線時，投資者可以肯定雙重頂的最高點就是該趨勢的頂點；而雙重底形成並破頸線時，投資者可以肯定雙重底的最低點就是該趨勢的低點。

3.當雙重頂頭線跌破時，就是一個可靠的賣出訊號；而雙重底的頸線突破時，則是一個買進訊號。

◎**雙重頂的運用**

1.雙重頂的兩個最高點不一定在同一水平，兩者相差少於3％是可接受的。通常來說，第二頭可能較第一個頭高出一些，原因是看好的力量企圖推動股價繼續上升，可是卻沒法使股價上升起逾3％的差距。

2.雙重頂最小跌幅的預測幅度是頸線B與最高點A間的距離，再從頸線跌破點L向下測量AB之間的距離，作為預測股價會下跌的最小跌幅。（見圖7-5）

3.雙重頂的兩個高峰都有明顯的高成交量，這兩個高峰的成交量同樣

尖銳突出，但第二個頭部的成交量比第一個頭部的成交量顯著減少，反映出市場的買氣已在減弱。

4.雙重頂跌破頸線後，會出現往頸線上移的走勢，但是只要沒突破頸線，下跌**趨勢**依然有效。

◎**雙重底的運用**

1.雙重底的第二個低點比第一個低點稍高，原因是看出**趨勢**的投資者在第二次回跌時開始買入，使股價不再回跌上次低點。

2.雙重底最小漲幅的預測幅度是頸線D與最低點E間的距離，再從頭線突破點F向上測量DE之間的距離，做為預測股價將會上漲的最小漲幅。（見圖7-5）

3.雙重底兩個底部的成交量十分沉寂，但在突破頸線時，必須要有大的成交量才可確認突破。

4.雙重底突破頸線後，會出現往頸線下移的走勢，但是只要不跌破頸線，上漲**趨勢**依舊有效。

3.三重頂、三重底

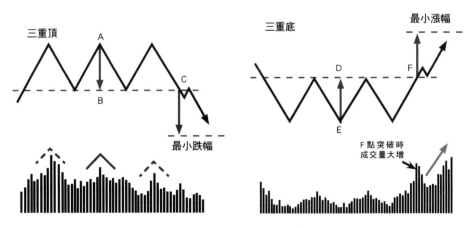

圖7-8　三重頂、三重底
資料來源：作者整理

◎構成原因

　　股價在上升一段時間後，投資者開始獲利回吐，使得股價從峰項回跌，當股價回跌至一段價格後，即吸引了搶便宜的投資者，或另有在高價出脫的投資者亦可能逢低回補，於是行情又再度回升，但至前一波高點時，由於買氣依然不足，因此股價又再度回跌上次低點附近，使得在前一次回檔低點錯過買進機會的投資者及短線投資者又會在此買進，股價又再度彈升，由於兩次高點都受阻而回檔，因此當股價接近上次高點時，投資者會紛紛拋售手中持股，股價逐步下滑至前兩次低點，此時若愈來愈多的投資者亦意識到大勢已去時，股價跌破上兩次低點的連線（頸線），於是整個三重型態便告完成。三重底是倒轉的三重頂，含意一樣。

◎特徵

　　1.三重型態是雙重型態的延伸，只不過比雙重型態多一個頭或一個底而已，因此有別於頭肩型態。

　　2.從理論上講，三重底或三重頂的底部或頭部愈寬，力量愈強。

　　3.三重頂或三重底是長期性**趨勢**(8~13週)的頭部或底部，所以當三重頂形成並跌破頸線時，投資者可以肯定三重頂的最高點就是該**趨勢**的頂點；而三重底形成並突破頸線時，投資者可以肯定三重底的最低點就是該**趨勢**的低點。

　　4.當三重頂頸線跌破時，就是一個可靠的賣出訊號；而三重底的頸線突破時，則是一個買進訊號。

◎三重頂的運用

　　1.三重頂最小跌幅的預測幅度是頸線B與最高點A間的距離，再從頸線跌破點C向下測量AB之間的距離，作為預測股價將會下跌的最小跌幅。

2.三重頂之頂峰與頂峰間之距離不一定要在相同的價格形成，大約相差3％以內就可以了。

3.三重頂型態中，在第三個頂點附近的成交量，大多較前兩頂點附近的成交量少。

4.雙重頂有時會在多頭市場漲升過程的整理階段中出現，但三重頂卻大多僅在原始下跌趨勢的頂部出現。因此一旦出現三重頂，並正式向下跌破後，所需整理的時間大多較長。

5.三重頂頸線的劃法與頭肩頂相同，至於構成的條件及預測能力，則與雙重頂大致相同。

◎三重底的運用

1.三重底的最小漲幅預測幅度是頸線D與最低點E間的距離，再從頸線突破點F向上測量DE之間的距離，做為預測股價將會上漲的最小漲幅。

2.三重底之谷底與谷底間之距離不一定要在相同的價格形成，大約相差3％以內就可以了。

3.三重底型態中，在第三個低點附近的成交量，大多較前兩低點附近的成交量少。

4.雙重底有時會在空頭市場下跌過程的整理階段中出現，但三重底卻大多僅在原始上漲趨勢的底部出現。因此一旦出現三重底，並正式向上突破後，漲幅及速度較快。

5.三重底頸線的畫法與頭肩底相同，至於構成的條件及預測能力，則與雙重底大致相同，往上突破頸線時亦需與遞增的成交量配合，才可視為有效突破。

4.圓形頂、圓形底

(1)圓形頂

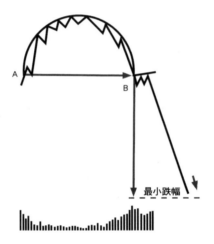

圖7-9　圓形頂、圓形底
資料來源：作者整理

圖7-10　圓形頂實例：精測（6510）
資料來源：精誠富貴贏家2000

依照圓形頂形態，藉由軟體計算圓形的直徑，並依照直徑的比率計算得知精測(6510)最少要跌到365元，實際結果為2019年5月，當時股價為360元。

◎構成原因

圓形頂之所以形成，在於買賣雙方長期的爭鬥。剛開始，因買方急於買進的企圖較賣方濃，故買方的力量較強。因此，股價緩慢走高，使得多方繼續追高的意願轉淡，賣方也極欲出脫手中持股，直至雙方力量趨向平衡，而形成一種僵持不下的局面。這種現象持續一段時間，待賣方不耐久盤而積極賣出時才會打破，此時，賣方取得優勢，股價從盤整格局逐漸轉成下跌的走勢。

◎特徵

1.跌勢一旦開始後，賣方的恐懼必然大於買方的期待，使得圓形頂的右邊會形成許多小小的頭部，而連接這些小頭部的低點可畫出一條頸線。當往下正式跌破頸線後，往往出現爆發性的急跌，幾乎是一口氣將幅度跌完，中間極少出現反彈整理，亦即跌得很急，時間也很短。

2.構成圓形頂時，成交量多半呈現不規則狀態，其中跌破頸線當天的成交量亦比10日成交量要大得多。

◎圓形頂的運用

1.當圓形頂形成時，投資者應先測量圓形頂的直徑（AB兩點間的距離），然後再從跌破頸線點B算起，向下測量等幅(AB間的長度)，作為預測股價將會下跌的最小跌幅。

2.在圓形頂型態進行過程中，如果突然出現大量的買進或賣出，而使股價在數日內突然急漲或急跌時，不出多日，它都會再度回復到原先的價

位，依該型態原有軌道再度依序進行。因此如果在股價型態能夠判斷是圓形頂時，可在該型態尚未接近完成，而股價突然急漲或急跌時，予以拔檔賣出或短線買進以增加獲利。

3.當股價正式往下跌破圓形頂的頭線時，不管當時成交量是否增加、是否有利多消息，都應該積極賣出手中持股，千萬不可留戀。

4.圓形頂型態完成（向下正式跌破）時，我們可以視它完成該型態時間的長短、頭部大小，來預估未來下跌的力量究竟如何。一般來說，圓形頂完成所花費的時間越長，上檔套牢浮額相對更多，致向下跌破後下跌的力道（速度），將會顯得更為強勁有力。

5.如果圓形頂是出現在週線圖或月線圖上時，其所代表的賣出意義，大多比出現在日線圖時更為積極。換句話說，週線圖或月線圖出現圓形頂並正式向下跌破後，所需整理的時間將會較長。

(2)圓形底

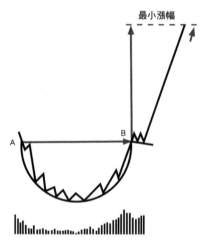

圖7-11　圓形底
資料來源：作者整理

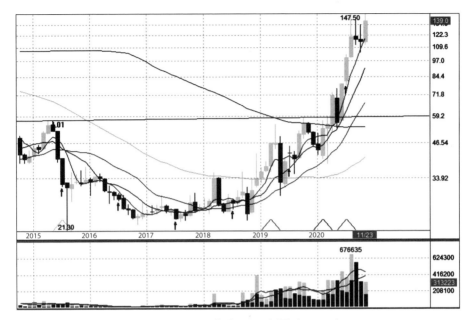

圖7-12　圓形底實例：南電（8046）
資料來源：精誠富貴贏家2000

依照圓形底型態，當圓形底確定打底成功時即可測量該圓形底的直徑，並依照該直徑的倍率計算該漲幅的最小漲幅，我在42元買進南電，並依照圓形底型態所示打算在230元賣出。

◎構成原因

圓形底之所以形成，在於買賣雙方長期的爭鬥。剛開始時，因賣方急於賣出的企圖較買方濃，故賣方的力量較強。因此，股價緩慢走低，使得空方繼續追低的意願轉淡，買方也極欲出脫手中持股，直至雙方力量趨向平衡，而形成一種僵持不下的局面。這種現象持續一段時間，待買方不耐久盤而積極買進時才會打破，此時，買方取得優勢，股價從盤整格局逐漸轉成上漲的走勢。

◎特徵

1.漲勢一旦開始後，買方的力道必然大於賣方的壓力，使得圓形底的右邊會形成許多小小的底部，而連接這些小底部的頂點可畫出一條上升趨勢線。當往上正式突破趨勢線後，往往出現爆發性的急漲，幾乎是一口氣將幅度漲完，中間極少出現回檔整理，亦即漲得很急，時間也很短。

2.構成圓形底時的成交量，大多和其股價構成圓形底的弧度相似，亦即在半圓形底部附近時的成交量，應減至最低的水準。此時股價漲跌波動極緩，成交量也近於遲鈍，為多空雙方供需將產生變化的前兆。

3.圓形底的型態，以出現在較具投資價值(資本額在20億以下)的中小型股票中為較多。

◎圓形底的運用

1.當圓形底形成時，投資者應先測量圓形底的直徑（AB兩點間的距離），然後再從突破頸線點B算起，向上測量等幅(AB間的長度)，作為預測股價將會上漲的最小漲幅。

2.由於圓形底向上正式突破後，股價上漲的速度大多極快，因此我們除了可在漲至預測最小漲幅時賣出，亦可待股價止漲回跌時，才予市價賣出。

3.在圓形底型態進行過程中，如果突然出現大量的買進或賣出，而使股價在數日內突然急漲或急跌時，不出多日，它都會再度回復到原先的價位，依該型態原有軌道再度依序進行。因此如果在股價型態能夠判斷它將會是圓形底時，可在該型態尚未接近完成，而股價突然急漲或急跌時，予以買進或短線賣出以增加獲利。

4.當股價正式往上突破圓形底的頸線時，成交量必需大幅增加，此為積極買進的信號。如果突破時成交量未配合增加的話，則須注意是否將會遭到騙線的困擾。

5.圓形底型態完成（向上正式突破）時，我們可以視它完成該型態時間的長短，來預估未來上漲的力量究竟如何。一般來說，圓形底完成所花費的時間越長，市場浮動籌碼消化越見徹底，致向上突破後上漲的力道（速度），將會顯得更為強勁有力。

6.如果圓形底是出現在週線圖或月線圖上時，其所代表的買進意義，大多比出現在日線圖時更為積極。換句話說，週線圖或月線圖出現圓形底並正式向上突破後，所上漲的幅度，大多會較出現在日線圖時的預測能力最小漲幅高得多。

5.V字型態、擴張V字型態

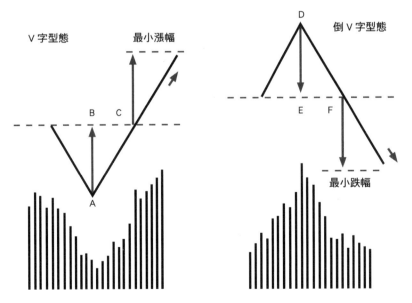

圖7-13　V字型態、倒V字型態
資料來源：作者整理

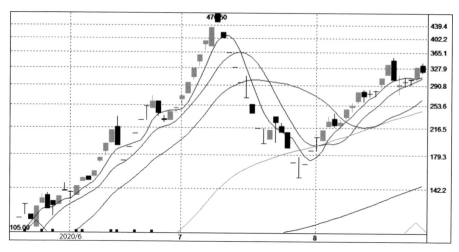

圖7-14　V字型態實例：合一（4743）
資料來源：精誠富貴贏家2000

　　依照V字形型態，合一在2020年7月29日的低點為153.5元，由圖我們可得知第一段漲幅為153.5元到239.5元(2020年8月6日)，得數字39.5/153.5=1.56，並把239.5×1.56得數字373.6，373.6元為最小漲幅，實測結果為2020年9月21日，當時股價為378.5元。

　　依照V字形型態，合一在2020年7月9日的高點為476.5元，由圖我們可得知第一段跌幅為476.5元到269.5元(2020年7月16日)，得數字269.5/476.5=0.565，並把269.5×0.565得數字152.4，152.4元為最小跌幅，實際結果為2020年7月29日，當時股價為153.5元。

◎構成原因

　　通常是買方和賣方在一定的區間爭勝，一方勝利而改變領導地位。以V型反轉來說，由於市場中賣方的力量很大，令股價穩定而又持續地挫落，當這股賣壓消失之後，買方的力量完全控制整個市場，使得股價出現戲劇性的回升，幾乎以下跌時同樣的速度收復所有失地；因此在圖表上股

價的運行，形成一個像 V 字般的移動軌跡。倒轉 V 型情形則剛好相反，市場看好的情緒使得股價節節彈升，可是突如其來的一個因素扭轉了整個趨勢，賣方以上升時同樣的速度下跌，形成一個倒轉 V 型的移動軌跡。

◎特徵

此處將 V 字型分為兩種：傳統的 V 字型和擴張的 V 字型。

(1) 傳統的 V 字型

A. 典型的傳統 V 字型態

它分為三部分：

a. 下跌趨勢：通常 V 字型左肩的跌勢十分激烈，而且持續。但是，它的跌勢也可能非常緩慢和不規則，正如一般趨勢正在下跌中。

b. 轉折點：一個單獨的一天，標示下跌的最低點。有時反轉是逐漸地，但是股價很少在這個區域停留很多天。

c. 上升趨勢：當股價穿過下跌趨勢線是反轉的第一個訊號，在反轉以後，成交量隨之上升，向上趨勢逐漸地增加。最初的一段走勢，令我們很困惑，因為一直到走勢上升有一段距離後，我們仍然不能肯定的認定這個形狀是否為一個有效的 V 字型反轉。

B. 倒轉的傳統 V 字型

倒轉的傳統 V 字型正如它的名稱所顯示的。表示了一個頭，是 V 字型底的相反型態。在大部分的情形之下，成交量在轉折點顯著的增加，整個成交量的情形，亦和股價一揉，是呈現著倒轉的 V 字型。然而，有時在反轉時的成交量卻是正常的或甚至不尋常的少。

(1) 典型的擴張 V 字型

擴張的Ｖ字型並不比真正的Ｖ字型沒有威力，且有更多的時間讓我們來預測。因為它和前者有個很明顯的不同。在轉折點以後，當股價回升往上穿過下跌*趨勢線*，在傳統的Ｖ字型，上升的行動多少是直接的；但在擴張的Ｖ字型，則有一段時間往橫發展的交易區域。最後，股價往上突破這些密集交易區，完成了整個型態。詳細地說，擴張的Ｖ字型有四部分：

1.下跌*趨勢*：正如傳統的Ｖ字型，這個階段可能較激烈或顯著不規則。在許的例子中（雖然並非全部），下跌趨勢在最後的低點一點點前被「往橫發展」或「整理型態」所干擾。

2.轉折點：和在傳統的Ｖ字型中一樣，通常僅有一天就反轉了，但有時卻需要好多天。成交量的行為也是類似的，通常很顯著的增大。

3.最初的漲峰：股價由下列兩者之一推上來：(1)由前面下跌中反彈的高點連線所構成的下降*趨勢線*，(2)在轉折點前突破「往橫發展」或「整理型態」的高點連線。在突破後成交量大增。

4.平台：就因為這部分和傳統的Ｖ字型有所不同，而比前者更容易確認。平台可能呈現水平，但是通常稍微的往下傾斜。在平台的發展中，成交量大增，突破本身當伴隨大成交量。

擴張的Ｖ字型，在股價突破平台的最高點，且伴隨著逐漸增加的成交量，整個型態可以視為完成或確定了。如果平台稍微下斜，注意股價是否衝過平台的高點連線，如果此種突破以逐漸增加的成交量來進行，這個型態很可能會完成，此時可以在接近擴張擺動的低點買進。

(2)左邊擴張的Ｖ字型

有時候，擴張的Ｖ字型發展除了平台在右邊外，股價和成交量的形成與上述的型態一樣。也就是說，只是平台所在的位置不同而已，其上漲力道並無有所不同。

◎Ｖ形型態的運用

當股價向上突破Ｖ型頸線時，可先量出該型態最低點Ａ至頸線Ｂ間的距離，然後再從突破點Ｃ點開始向上量出ＡＢ間的同等距離之價位，作為預測能力的最小漲幅；反之，當股價向下跌破Ｖ型頸線時，可先量出該型態最高點Ｄ至頸線Ｅ間的距離，然後再從跌破點Ｆ開始向下量出ＤＥ間的同等距離之價位，作為預測能力的最小跌幅。

「Ｖ字型是最難預測和分析的」，是最確實不過的。但並不是說了解它們是不可能的，而如果是如此的話，我們就不必要浪費時間來討論它們了。當投資者面對一個可能形成Ｖ字的型態，需特別警覺它們會有錯誤的變動，隨時注意陷阱，等待可能的利潤同時留意風險性而準備隨時撤退。

在Ｖ字型形成的途中，需用彈性的操作方法。每一種交易頻繁的股票有下列的分子參與：短線的交易者、消息靈通的人和一般的大眾。幾乎在所有圖形型態，這三種人的交易產生的結果隨時可見，但在Ｖ字型中，並非如此。它們是市場心理戲劇性反轉的產物。是由一些突然的發展和一些消息靈通的投資人所不能預見的因素所導致的（很少有消息靈通的人在最低價買股票，它們通常是在下跌中分批買進）。

一個不可預知的因素，一個政治上的突然發展，或甚至一個大眾傳播媒介的預測會引來不規則的變動，導致湧入市場做買賣的委託，而迅速的扭轉了股價的趨勢。這種反轉是很難預測的。

另外還有一個例外，有一群人打算售出手上的股票，賣出很謹慎且繼續，造成了在股價結構上一股固定的賣壓，一旦這股賣壓消失以後，股價就像橡皮筋一樣的迅速反彈上升。

在任何一種情況下，一個圖形的分析者，必須很小心的注意Ｖ字型的完成。仔細研讀這種股票的歷史，和目前情勢的本質，來決定（預測）往

後走勢的**趨**向，然後很小心的採取行動。

對於初學者來說（也許對於有經驗的行家同樣適用）在 V 字型形成而未投入任何資金前預先作演習。在一般情況下，沒有任何方法能代替實際行動。

6.菱形

◎**構成原因**

當股價愈升愈高之際，投資者顯得衝動和失去理智，因此價格波動增大，成交亦大量增加，但很快地投資者情緒漸漸冷靜下來，成交量減少，股價波幅收窄，市場從高漲的投資意願轉為**觀望**，投資者等待市場進一步的變化再作新投資決定。

菱形排列是主**趨勢**中的價格型態，實際上可將菱形視為是擴大型(見圖7-17)與對稱三角形的結合，其頸線為 V 字狀。菱形的前半部是擴張型態，但再經過二三個波峰波谷後，價格開始出現收斂狀態，即後半部呈現對稱三角形，而形成了菱形排列。

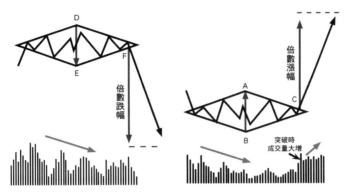

圖7-15　菱形
資料來源：作者整理

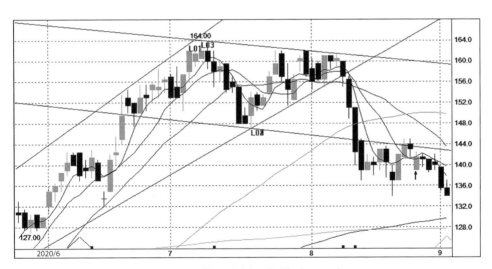

圖7-16　菱形實例：邦特（4107）
資料來源：精誠富貴贏家2000

　　見圖7-16，依照菱形型態，邦特在2000年7月8日的高點為164元，由圖我們可得知第一段跌幅為164元到147元(2000年月20日)，得數字147/164=0.896，並把147×0.896得數字131.7，131.7元為最小跌幅，實際結果為2000年9月24日，當時股價為131元。

◎特徵

1.菱形通常在中級下跌的頂部，或高檔大成交量時出現，而該型態很少在底部的反轉時見到。因此趨勢經過一段時間漲升後，一旦出現此種型態時，應立即採取**觀望**或停損動作，毫不考慮的將股票予以出清。

2.部分複合型態的頭肩型態，或部分雙重頂型態（M頭），亦可在其左右上下四邊各畫出一條**趨勢線**，而解釋菱形型態。

3.菱形的頸線是為「V」字形狀，因其右邊頸線為上傾，因此較早出現買賣信號。

4.構成菱形的要件中，一定需要右邊兩條**趨勢線**呈現明顯的收斂現象，在該階段的成交量亦需逐漸減少。如果任何疑似菱形的圖形，未能完全符合本條件時，則不可勉強予以視之。（見圖7-15）

◎菱形的運用

1.當股價向上突破菱形的V字頸線時，可先量出該型態最低點B至最高點A間的距離，然後再從突破點C開始向上測量倍數AB間距離之價位，做為預測能力的最小漲幅；反之，當股價向下跌破菱形的V字頸線時，可先量出該型態最低點E至最高點D間的距離，然後再從跌破點F開始向下測量倍數DE間距離之價位，做為預測能力的最小跌幅。

2.菱形在中級下跌前的頂部或大成交量的頂點出現，是轉向型態。

3.由於菱形大多出現在中級下跌的頂部，故其向下跌破後的實際低點，大多比預測能力最小跌幅還低（跌得更深）。因此我們可以在股價跌到預測能力最小跌幅以後，才考慮是否逢低買進。

4.當菱形右下方支撐跌破後，就是一個賣出訊號；但如果股價往上突破上方阻力，並伴隨大成交量時，那就是一個買進訊號。

7.擴大型態

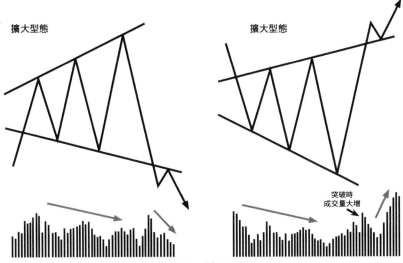

圖7-17　擴大型態
資料來源：作者整理

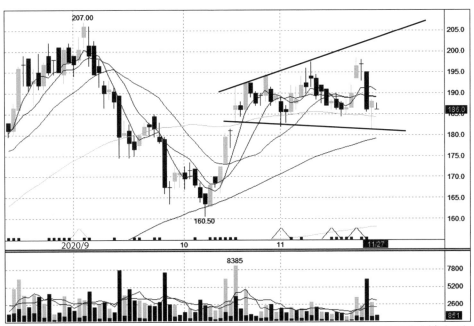

圖7-18　擴大型態實例：聚陽（1477）擴大型態2000年10/19-11/30形成擴大型
資料來源：精誠寬頻贏家2000

◎構成原因

整個型態是因為投資者衝動的投資情緒所造成，通常在長期性上升的最後階段出現，這是一個缺乏理性和失去控制的市場，投資者受到市場投機風氣或傳言所感染，當股價上升時便瘋狂追上，但他們對市場的前景（或公司前景）卻一無所知，又或是沒有信心，所以當股價下跌時又盲目地加入拋售行列。由於投資者衝動和雜亂無章的行動，使得股價不正常地大起大落，形成上升時，高點較上次為高，低點則較上次為低。至於不規則且巨額的成交量，正反映出投資激動的買賣情緒。擴大型態為大跌趨勢來臨前的先兆，因此擴大型可說是一個下跌型態，暗示行情將到盡頭，可是型態卻沒有明確指出跌市出現的時間。只有當下限跌破時，型態才可確定。

◎特徵

正統的擴大型有三個頂點，一個比一個高，介於其間有兩個底部，第二個底比第一個底還低，如果第三次從頂點下跌，價位低於第二個底部，即確定這是重要的反轉信號。

◎擴大型態的運用

1.擴大型又稱為「倒轉三角型」，因為走勢進入盤局後，起初上下起伏不大，隨後股價變動越來越激烈，震盪範圍擴大，兩條界線成發散形狀。

2.擴大型的成交量增減通常不規則，並不隨型態的發展而遞減。

3.通常此型態象徵多頭市場結束的徵兆。

4.假如在底部區出現擴大型整理時，通常是大漲的徵兆。

(二) 整理型態

1.旗形

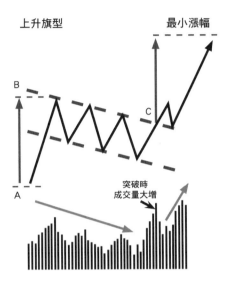

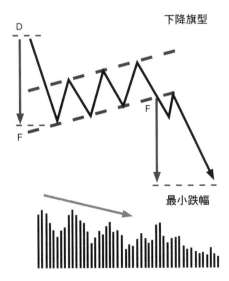

圖7-19　旗形
資料來源：作者整理

◎構成原因

旗形是短期內,價格在區間的密集走勢,所形成的價格走勢圖形看起來呈現出一面旗的形狀謂之。旗形在技術分析所代表的涵意為價格趨勢暫時停頓的整理型態。一般而言,旗形代表著趨勢進行途中的有秩序換手,亦即一種獲利回吐的賣壓出現,因此這個過程的進行時間不會超過數週,快則數日便可完成。

旗形經常出現於急速上升或下降的行情途中,在急速的直線上升中,成交量逐漸增加,並創短期新高,早先持有股票者,因已獲利而賣出,上升趨勢亦遇到大的阻力,股價開始小幅下跌,形成旗形。不過大部分投資者對後市依然充滿信心,所以下跌的速度不快,幅度也十分輕微,成交量不斷減少,反映出市場的賣出力量在回檔中不斷地減輕。經過前段時間整理,到了旗形末端股價突然上升,成交量亦大增,而且幾乎形成一條直線,股價就像形成旗形時的移動速度一樣急速上升,這是上升形成的旗形。在下跌時所形成的旗形,其形狀為上升旗形的相反,在急速的直線下降中,成交量增加達到一個高點,然後有支撐反彈,不過反彈幅度不大,成交量減少,股價小幅上升,形成旗形,經過一段時間整理,到達旗形末端,股價突然下跌,成交量大增,股價續跌。

◎特徵

1.上升行情中途出現此型態,它的圖形就如一面小旗,軌道由左向右下斜,也就是股價進入盤整,一波比一波低,似是即將反轉下跌,卻抨轉跌勢,向上突破。

2.下跌行情中途出現此型態,它的圖形則倒反過來,軌道由左向右上傾,也就是股價進入盤整,一波比一波高,似是即將上漲,卻快下跌,向下跌破下峰線。

3.它的價格有二：一是小平行四邊形，價格變動緊密而不大；二是小矩形，價格變動範圍更小。

4.旗形成交量如同三角型態在整期中會出現萎縮現象，在旗形排列完成後，價格將朝原來**趨勢繼續**進行。

◎**旗形的運用**

1.旗形整理完成後，其上漲或下跌幅度於突破後的量度升幅或跌幅與頭肩型態所應用的量度原理一樣，就是其往上的幅度等於整個旗桿的長度(AB兩點距離)，由旗桿的最低點A開始量度至旗形的最高點B，然後再從突破點C往上測量旗桿長度(AB兩點距離)，作為預測股價將會上漲的最小漲幅；反之，下跌時，就是其往下的幅度，等於整個旗桿的長度(DE兩點距離)，由旗桿的最高點D開始量度至旗形的最低點E，然後再從跌破點F往下測量旗桿長度(DE兩點距離)，作為預測股價將會下跌的最小跌幅。

2.這種型態僅出現於整理型態，因此投資者比較容易隨機應變。

3.到了旗形的末瑞，股價突然急劇上升，成交量跟著增加，而且突破軌道上緣而上升，僅會在先前高價附近稍事停留，整理籌碼後，就將展開另一段上升行情。下跌行情的旗形整理成交量亦減少，但是股價向軌道下緣線跌破時成交量放大，這特徵與其他整理型態下跌破時的成交量不一定增加的情形有所不同。

2.三角形

直角三角形 - 上升三角形　　　　　　　　　　對稱三角形

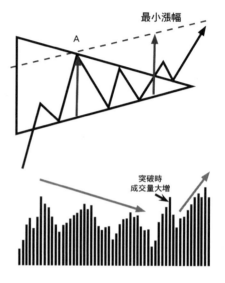

最小漲幅

突破時
成交量大增

直角三角形 - 下降三角形　　　　　　　　　　對稱三角形

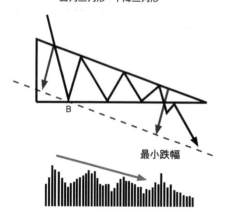

最小跌幅

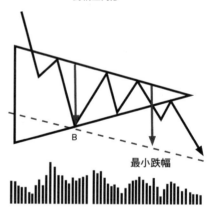

最小跌幅

圖7-20　三角形
資料來源：作者整理

圖7-21　對稱三角形實例：裕日車（2227）
資料來源：精誠富貴贏家2000

　　依照對稱三角形型態，由高點畫一條趨勢線至L01，以及低點畫一條趨勢線至L03，由這兩條趨勢線構成對稱三角形，經過L03畫一條與L01趨勢線平行之軌道線，此平行線穿越當時股價在222元，實際結果2018年11月，當時股價的低點為210.5元。

　　◎**構成原因**：三角形分為對稱三角形及直角三角形兩種：

　　1.對稱三角形：下斜壓力線和上傾支撐線的角度及長度大約對稱相等，因此，又稱為「等腰三角形」。對稱三角形由一系列的價格變動所組成，亦就是說每次變動的最高價低於前次的水準；而最低價高於前次的水準，呈一收斂型態。對稱三角形成交量，因越來越小幅度的股價變動而遞減，然後當股價突然跳出三角形時，成交量隨之增加。

　　2.直角三角形：壓力線或支撐線兩者必定有一條線呈現著近似水平狀態，而另條線亦呈上傾或下斜的走勢。若壓力線水平，而支撐線為向上傾

時，稱為「上升三角形」；但若支撐線水平，而壓力線為向下傾斜時，則稱「下降三角形」。

1.上升三角形：股價在某水平呈現出強大的壓力，股價從低點彈升到水平便告回跌，但市場買盤強勢，當股價未回至上次低點即告反彈，這情形不斷持續使股價隨著一條阻力水平線波動而日漸縮小。若把每期波動的高點相連接，會形成一條水平壓力線；而把每期波動的低點相連接可形成一條向上的支撐線，這就是「上升三角形」。成交量在此型態形成的過程中會不斷減少。

2.下降三角形：股價在某水平呈現出強大的支撐，股價從高點回跌到水平便告支撐，但市場賣盤強大，當股價未回至上次高點即告回檔，這情形不斷持續，使股價隨著一條壓力線波動而日漸縮小。若把每期波動的高點相連接，會形成一條向下傾斜的壓力線；而把每期波動的低點相連接可形成一條水平的支撐線，這就是「下降三角形」。成交量在此型態形成的過程中，一直十分低沉。

◎特徵

1.對稱三角形及直角三角形都屬於整理型態。

2.對稱三角形向上突破需要大成交量伴隨，向下跌破則不必；而上升三角形突破時需伴隨大量，下降三角形跌破時不需有大成交量。

3.三角形的股價變動越接近其頂點而未能突破界線時，其力量越小，若太接近頂點的突破即失效。通常適合的突破點位於三角形底邊1/2至3/4處。若突破時成交量亦無法配合增加時，應該預防假突破，因為造成騙線的可能性很高。

4.當股價正式突破或跌破整個整理型態時，其突破價格的確認，需超過突破點的3%以上才能算是正式突破。

◎三角形的運用

三角形最小漲跌幅的衡量：

1.當股價向上突破三角形時：便以三角形左邊第一個頂點A繪畫一條與底部上斜線平行的直線。其突破後的最小漲幅便是兩線的垂直距離。

2.當股價向下跌破三角形時：便以三角形左邊第一個低點B繪畫一條與頂部下斜線平行的直線。其跌破後的最小跌幅便是兩線的垂直距離。

3.當突破上方阻力3％以上時，就是一個明確的買進訊號，此時成交量經常會大幅增加；反之，當跌破下方支撐3％以上時，就是一個明確的賣出訊號，此時成交量經希會暴增，以突顯這個跌破的有效性。

4.股價若未帶量中長紅往上突破三角形型態；或股價若未帶量中長黑跌破三角形型態時，將會使預測的高（低）點較不容易達成。故若有此現象時，對預測能力應酌予修正，並提前作賣出或買進的準備。在空頭市場末期出現上升三角形並正式突破時，表示股價即將反跌為漲，可以積極買進。在多頭市場末期出現下降三角形並正式跌破時，表示股價將反漲為跌，應該積極賣出。

3.楔形

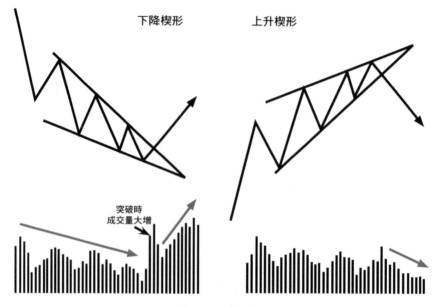

圖7-22　楔形
資料來源：作者整理

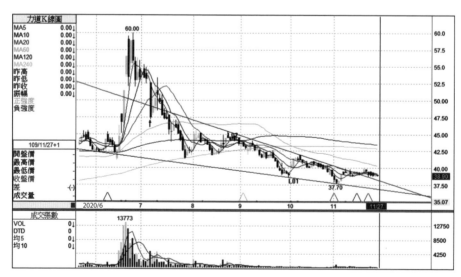

圖7-23　楔形實例：南光（1752，此為下降楔形）
資料來源：精誠富貴贏家2000

圖7-24　楔形實例：大盤指數
資料來源：精誠富貴贏家2000

　　圖7-24中，第一個上升楔型是大盤指數在上漲波的末升段1988年9月8831點，下跌至1989年元月4645點，後上漲至1989年6月10249點，再下跌至1989年12月7887點，又上漲至1990年2月12682點，形成第二個上升楔形，在1990年4月跌破上升楔形的下緣線直接暴跌至2485點。

　　第二個上升楔型是大盤指數由1994年元月6719點，下跌至1994年3月的5125點，後上漲至1994年10月7228點，再下跌至1995年元月6167點形成第二個上升楔形，在1995年4月跌破上升楔形的下緣線指數跌至4474點。

◎構成原因

　　楔形的價格型態類似於三角形型態，也是發生在價整理的一種常見型態。在價格出現上下小幅波動的整理期間，楔形的波峰連成的趨勢線與

221

波谷連成的**趨勢線**亦是呈收斂的，這點與三角形相同。但與三角形不同的是，其收斂的**趨勢線**是呈相同方向（向上或向下）走勢。上升楔形經常發生在空頭走勢的反彈波，股價上升，賣出壓力亦不大，但投資人的興趣卻逐漸減少，股價雖上升，可是每一個新的上升波動都比前一個弱，最後當需求完全消失時，股價便反轉回跌，因此上升楔形表示一個技術性意義的漸次減弱的情況；而下降楔形則反之。上升楔形除了發生在下降**趨勢**中形成一個連續型態外，上升楔形亦經常發生在漲勢的末端，形成頭部，之後便發生了一波快速的下跌走勢；下降楔形除了發生在上升勢中形成一個連續型態外，下降楔形亦經常發生在跌勢的末端，形成底部，之後便發生了一波快速的上漲走勢。上升楔形與下降楔形都是價格的停頓走勢，但造成停頓的原因是**趨勢**力道稍作休息才能繼續前進，為價格漲多或跌多的休息，因此後續**趨勢**不變。

◎特徵

它是一個價格型態，其價格在收斂的兩條直線間變動，但與三角形不同處是兩條界線同時上傾或下斜，恰似軌道上界線與下界線一樣，一個上升楔形的兩條界線都由左向右上傾，但因為兩條界線是收斂，下面的一條直線自然要比上面一條陡些，下降楔形則相反。

◎楔形的運用

1.楔形型態上下兩條線必須明顯地收斂，如果型態太過寬鬆，形成的可能性就會有所懷疑。

2.雖然在下跌**趨勢**中經常出現上升楔形，並且大部分都是往下跌破居多，但若是往上盤升且成交量有明顯增加時，此型態可能出現變異，發展成一個上升通道，這時我們應該改變對原來走勢的看法，因為股價可能會沿著新的通道，開始一個新的上升**趨勢**。同樣地，若下降楔形不升反跌，

跌破下限支撐，型態可能形成一個下降通道，這時對後市的看法就應隨著趨勢的變化而做出修正了。

3.上升楔形與下降楔形不同之處在於上升楔形跌破下限支撐後經常出現急跌現象，但下降楔形突破上限壓力後，會橫向整理，形成徘徊狀態，成交量也會十分低沉，經過一段整理後，才會隨著成交量增加開始慢慢上升，若這情形出現，投資者可待股價打破徘徊格局後才考慮跟進。

4.矩形

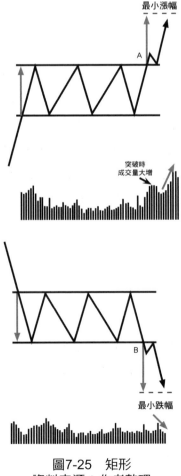

圖7-25　矩形
資料來源：作者整理

圖7-26　矩形實例：加權指數
資料來源：精誠富貴贏家2002

　　依照矩形型態，2020年7月28日為大盤加權指數高點13031，2020年8月20日為大盤加權指數低點12144，由高點/低點可得13031/12144=1.073，再把13031× 1.073 = 13982.2(此為最小漲幅)，若以波浪理論的層級來看處於末升段伍-III-三，有上漲至18000點的潛力。

◎構成原因

　　在股價變動中，其價格漲跌的範圍，被上下兩條近似平行的趨勢線所包圍，股價升到某水平時遇到阻力，就會掉頭回跌，但下跌後很快地便獲得支撐而反轉向上，可是回升到上次同一高點時再一次受阻，而又在落到上次低點時則再獲得支撐。將這些高點與低點分別用直線連接起來，便形成一條平行的通道，這就是矩形型態。

　　矩形為描述實力相當多空競爭情況的結果。此型態很明顯的暗示出，多空雙方的力量在該矩形範圍內完全達至均衡狀態，誰也占不了誰的便宜。多方認為其價位很合理的買入點，於是便會在股價回到該水平時買

進，形成了一條水平的需求線。從另一個角度分析，矩形也可能是投資者因後市不明朗，對**趨勢**走向迷惑時造成。因此，當股價回升時，對**趨勢**失去信心的投資者便會退出，而股價回落時，看好未來**趨勢**的投資者便會進場，由於這種微妙的關係，使得股價在此區間內波動。

◎**特徵**

1.在矩形的進行過程中，其成交量大多會隨著型態的發展而逐漸減少。

2.矩形上限與下限之間的幅度如果超過7%，則通常會引來短線交易者的介入。

3.矩形的突破時，亦與多數型態一樣，需超過上限或下限3％的幅度收盤，始能稱為正式突破。矩形往上突破時，成交量需配合增加，否則我們可以「假突破」視之；至於往下跌破時則無此限制。

4.矩形型態完成突破的時間越短，而其上下界限之間的幅度越大時，其突破之後，往往比狹長的矩形之突破更為有力。

5.在矩形型態的過程中，其成交量起伏變動越大，或是其成交量多半比平時為大時，則突破之後的漲幅度亦將隨之擴大。

6.基於「久盤必破」的道理，如果矩形型態頗大，但卻遲遲未能往上突破時，投資者應退出暫作觀望。

◎**矩形的運用**

1.在矩形形成的過程中，除非有突發性的消息擾亂，其成交量應慢慢遞增。如果有不規則的大成交量出現，則為失敗的矩形。

2.當股價突破矩形上限水平時，必須伴隨著大成交量；但若跌破下限水平時，就不需伴隨大成交量。

3. 而當股價配合增加的成交量突破漲升時，我們可以先量出該型態的幅度距離，再從突破點開始A，向上量出同樣幅度的價位，做為未來股價將會上漲的最小漲幅。當股價跌破矩形的下限時，我們可先量出該型態的幅度距離，再從跌破點B開始，向下量出同樣幅度的價位，作為未來股價將會下跌的最小幅度。

4. 股價伴隨大成交量向上突破矩形上限時，為第一個慣進點；而往下跌破矩形的下限時，為第一個賣出點。

5. 股價跌破矩形下限之後，有時會出現暫時的反彈現象，此為第二個賣出點，千萬別被此假象所矇蔽而予買進。相對的，股價配合增加的成交量突破矩形上限後，有時會出現暫時的回檔現象，此為第二個買進點。

6. 跌破矩形下限後，該下限位置通常會形成壓力。於股價下跌整理後，另一波行情漲升時，該下限位置的初期壓力仍會存在。故另一波行情漲至該矩形下限附近時，可採取短線賣出操作。

7. 突破矩形上限後，該上限位置通常會形成支撐。於股價上漲之後，另一波行情下跌時，該上限位置的支撐仍會存在，故另一波行情跌到該矩形上限附近時，應可短線買進。

5. 扇形

◎構成原因

扇形在開始形成初期，股價即先下跌一段，隨即進行一段幅度頗大的反彈修正波，然後再急跌至低檔盤整，在盤整期間，常有突破下降趨勢線的情況，但是只是純粹的假突破，很快地又會回到底部盤整區，然後又進行另一個整理階段，如此的來回數次才正式向上突破，再展開一個新的向上走勢，由其形狀看來近似摺扇展開，因此稱之為扇形。

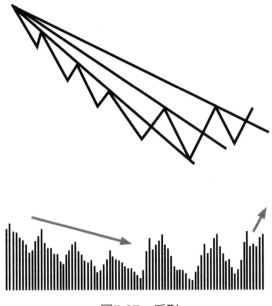

圖7-27　扇形
資料來源：作者整理

◎扇形的運用

1.扇形是以任何段落的最高點，與區間最高點分別畫出一條條的下降趨勢線，至少須出現三條或三條以上的下降趨勢線，被突破之後才能確定其走勢。

2.扇形在整理期間大多是呈現不規則的走勢，最明顯的走勢是在突破第三條下降趨勢線時，且價位有超越整理區左端的高點時，且在高量出現之後，成交量呈現遞減的走勢，即所謂的「籌碼得到歸宿後，成交量遞減，股價穩定上揚」。

3.扇形的買賣訊號，是在每次突破下降趨勢線時可試圖買進，而在面臨下個下降趨勢線時，若無法突破則應採取賣出訊號，回檔之後回到原來的下降趨勢線又重新站穩，則可介入。

圖7-28　全新(4255)
資料來源：精誠富貴贏家2000

　　依照六合神功扇形的操作技巧，當股價正式突破扇形第3條趨勢線為多空易位，此時投資者可以大膽買進，例如：以圖的全新為例，在85元突破扇形的第三條，正式走入多頭市場，依形態學頭肩頂預測漲幅會到107元。

Chapter 08

| 重大轉變的標記：缺口 |

缺口是指股價在快速大幅變動中有一段價格沒有任何交易，使得在某特定交易期間內最低價高於先前交易期間的最高價；或者在某特定交易期間內最高價低於先前交易期間的最低價，而在股價趨勢圖上顯示出一個真空區域，這個區域就稱之為「缺口」或「跳空」。若股價出現缺口，經過幾天或更長時間的變動，然後反轉過來，將缺口填補，稱為缺口的封閉或補空。

缺口的出現，決定於市場消息面的因素，有些則與市場的供給與需求的強弱來決定向上跳空缺口或向下跳空缺口。其中以市場的強弱度涵義較大，也是本章討論的重點。

（一）缺口的類型

本章將缺口分為四種分別介紹：

1.普通缺口

(1)意義：普通缺口是因為常出現在一個交易區域或價格密集型態中而得名的。由於並不具備預測能力，因此亦較不為一般所重視。

(2)特徵：普通缺口並未能促使股價脫離整理型態，致短期內走勢仍是處於盤整格局內，因此缺口總是容易被填補而失去作用。

(3)運用：由於普通缺口是屬於盤整格局內的缺口，短線投資者可在股價上漲或下跌到缺口附近時，高出或低進，賺取短線差價利潤。

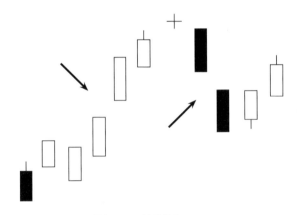

圖8-1　普通缺口
資料來源：作者整理

2.突破缺口

(1)意義：突破缺口通常發生在一段整理型態完成之後，當價格在交易密集區完成整理，並向上突破時，常以缺口的形式顯示出來，這種缺口便是突破缺口。可分為向上突破缺口與向下突破缺口。

(2)特徵：

a.向上突破缺口：向上突破缺口的出現表示盤整格局已經被突破，並

且缺口越大表示多頭的力量越強，未來股價變動將會越激烈，上漲速度越快，使得原先的整理區間變成低檔支撐區，只要向上跳空缺口未被回補，股價將會有一波可觀的上漲行情。

b.向下突破缺口：向下突破缺口的出現表示盤整格局已經被跌破，並且缺口越大表示空頭的力量越強，未來股價變動將會越激烈，下跌速度越快，使得原先的整理區間變成高檔壓力區，只要向下跳空缺口未被回補，股價將會又一波下跌行情。

(3)運用：突破缺口具有十分重要的價值訊號，只要價格正式突破壓力或跌破支撐，並伴隨大量時，則可確認這個突破缺口為一個有效的突破，為強烈的買進訊號（放空訊號）。由於突破時伴隨著大量，因此，缺口通常不會在短期間內被填補，其強度也較一般突破表現出更強烈的買進訊號（放空訊號）。

3. 中途缺口

(1)意義：由於中途缺口能大約暗示股價移動時可能到達的地方，所以有較大的技術意義，因此也可稱為「測量缺口」。

(2)特徵：

a.中途缺口是出現在股價已上漲或下跌一段時間，產生中途缺口的當天，其成交量必須為數月以來的最大成交量，並且到高點完成時，也都無法比該天的成交量還多。

b.中途缺口不能保證股票將會漲至與跌至何處，但卻能暗示我們到某價格之後，即可考慮買進與賣出。

(3)運用：

a.首先找出向上突破缺口的最低點 A 與向上中途缺口的最高點 B，將

B 點扣除 A 點後，產生一個數值，我們把它當作 x，然後再從中途缺口的最低點 C 加上 x，此距離即為預測的最小漲幅，當股價漲到該價格附近時即可考慮賣出。

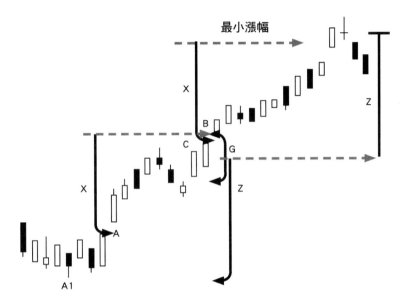

圖8-2　單一中途缺口
資料來源：作者整理

b. 首先找出向下突破缺口的最高點 D 與向下中途缺口的最低點 E，將 D 點扣除 E 點，產生一個數值，我們把它當作 y，然後再從中途缺口的最高點 F 扣除 y，此距離即為預測的最小跌幅，當股價跌到該價格附近時即可將融券回補。

c. 若向上中途缺口有兩個時，可先量出兩個缺口一半的價位 G，再從 G 點扣除 Al 點後，產生一個數值，我們把它當作 z，然後再從兩缺口一半的價位 G 加上 z，此距離即為預測的最小漲幅，當股價漲到該價位附近時即可考慮賣出。

d.若向下中途缺口有兩個時，可先量出兩個缺口一半的位置H，再從D1點扣除H點，產生一個數值，我們把它當作w，然後再從兩缺口一半的價位H扣除w，此距離即為預測的最小跌幅，當股價跌到該價位附近時即可將融券回補。

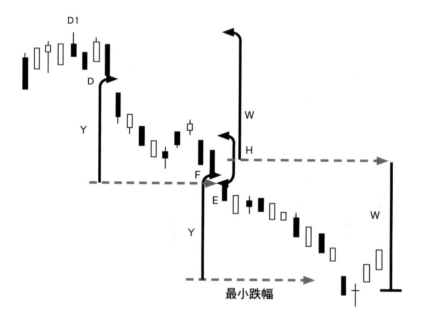

圖8-2　兩個中途缺口運用
資料來源：作者整理

4.竭盡缺口

(1)意義：竭盡缺口代表了趨勢的終點與結束。突破缺口與中途缺口藉由他們的價格型態與位置很容易分辨出來，但最後的竭盡缺口並不能像突破缺口及中途缺口一樣，立刻地辨別出來。

(2)特徵：竭盡缺口也是發生在漲勢或跌勢中，但竭盡缺口是由盛轉衰的表徵。通常是伴隨著快的、大的價格上升或下跌而生，因此代表該行情已走到了終點，但並非表示股價走勢會反轉。

(3)運用：竭盡缺口不是原始反轉的訊號，只能說是停止而已，隨著這停止而來的是發展出一些其他的型態，這才可能導致反轉或繼續缺口之前的趨勢而移動。然而，實際上竭盡缺口發生後，在新趨勢完成前，都會有一連串的小變動，但仍須等到型態完成後或者前面的趨勢重現後，才可作買進及賣出動作。

（二）跳空缺口應用秘笈

跳空缺口是一個壓力與支撐的關鍵點，它有一個不成文的規定，跳空缺口三天不補，三週補；三週不補，三個月補；三個月不補，三年補；三年不補，九年補，舉例說明1993年年1月30日的最高點3379.88與1993年年2月1日的最低點3413.45形成一個34點的跳空缺口，經過八年多來到在2001年9月26日來到3411.68回補缺口，當時我早在2000年4月大盤指數在萬點時就神準預測指數會下跌補此缺口。

加權指數(日線)

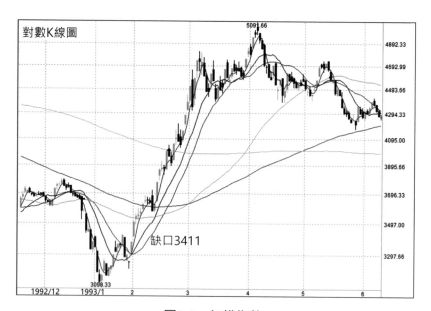

圖8-3　加權指數
資料來源：精誠富貴贏家2000

Chapter 09

資金流動的軌跡：量價

　　成交量在所有技術分析中最為實用，而且能夠提前掌握趨勢及主流股動態，尤其底部區總是市場心理面最為悲觀的時候，投資人爭相殺出持股，若此時為波段低點，而反映在成交量的動態為價穩量縮然後底部量增，表示先知先覺的中長期買盤已經陸續介入承接；反之，在高檔時市場極度樂觀，但量大不漲，然後量能退潮，則表示中長期籌碼不斷釋出。

　　依照市場供需原理，前者（底部量增）需求增加帶動股價上揚，後者（頂部量縮）供給增加迫使股價下跌，換言之，股價是資金量的表現，亦即資金不斷流入，反映在股價為「量增價漲」，資金陸續撤離股價也隨之「量縮價跌」。

　　因此，所謂量比價先行的原理，相信股市投資人皆已耳熟能詳，但是由於成交量本身係屬預測研判的性質，一方面在底部區或者是頭部區總是最容易受到消息面的干擾，而失去理性的抉擇，另一方面因成交量的分

析不像其他的技術指標有公式可循，（例如6日RSI達80以上為超買區，20以下為超賣區。）成交量遞增依短中長期區分，少則數日多則數年；反之，遞減亦同，因此，一般股票技術分析書籍對於成交量的闡述都僅止於輕描淡寫，甚至連波浪理論發明人艾略特對成交量的描述也不多。本書針對台灣股市的特性，由淺入深、由短期到長期，將成交量融入實戰操作，只要正確掌握量價關係，即可提前預知趨勢，而唯一可能讓投資人較為迷惑的應是「量價背離」的特殊狀況，若短期均量與中期均量有所衝突時，要以代表波段趨勢的中期均量為主，以免因短線迷惑而錯失波段行情。

（一）量價實戰演練

1.成交量的基本形式

(1)量比價先行

在主趨勢中最重要的觀念就是「量比價先行」，所謂主趨勢是指中期波段(8~13個月)的上升趨勢（多頭市場）或下跌趨勢（空頭市場）。通常在上升趨勢中，因市場投資者預期未來經濟、資金、政治各方面皆樂觀，以致人氣匯集、資金充沛，成交量隨著資金流入而呈遞增狀態，形成一底比一底高，也就是不論單日量或者是五日平均量皆不斷地創新高，而且大體上只要成交量領先突破，則隨後股價亦能更上層樓，直到量大不漲時，上升趨勢才會終結，也表示人氣、資金皆已達飽和且無力再擴充，此時若有實質利空衝擊，則會造成買盤觀望、賣壓加重，極可能改變趨勢而下跌。

在下跌趨勢（空頭市場）因受政治面不穩定、經濟步入蕭條期、資金外流失血……等因素波及，在無利可圖且持續虧損之下，人氣逐漸退潮，資金逐漸自股市撤離，而出脫持股的賣壓更造成供需失調，使得籌碼浮額更難以消化，反應在成交量則是一峰比一峰低，當然股價也隨著成交量萎縮而逐步走低，依照市場一般投資人的操作習性，只要股價跌深之後，總

是會進場搶反彈，但因處於下跌趨勢（空頭市場），隨著股價下挫而認賠出場，如此形成惡性循環，最後買盤縮手，股價依然下跌，直到觸底反轉才會改變趨勢。

(2) 量價同步

量價同步顧名思義是出現在短、中期波段的轉折點，雖然在主趨勢中量比價先行的可信度極高，但以下兩種狀況則需留意是否出現量價同步走勢。

A.在主趨勢轉折區（中長期頭部或底部）。

B.下跌趨勢中的短線反彈高點或上升趨勢中的短線回檔低點。

事實上在主趨勢的階段中，就波段操作的觀點而言，既然短線震盪無損及中期波段的運行，量價同步或量比價先行所產生的短線誤差（例如1~3天）對於波段操作者影響不大，但就短線操作者而言，錯失了短波段高低點，恐怕就會影響到操作績效了，因此在兩者之間的取捨就宜格外留意了，尤其股市隨著投資人心態不斷改變而無固定軌跡可循之下，短線投資人於上述A狀況時，不妨採取較為穩健的量價同步原理為操作策略，即下跌趨勢中的短線反彈，只要出現量大不漲或成交量突然大增，則表示套牢籌碼已大量釋出，即為賣出訊號。反之，上升趨勢中的短線回檔，只要出現最低量就是買進時機。至於上述B狀況於趨勢轉折點出現量價同步，依經驗法則，通常還有做右肩（即再次測試轉折點附近）的機會，因此頭部區未出脫者，可於右肩反彈且成交量無法創新高量時調節。反之，未於底部區進場者，可於再次拉回測試底部構築右肩底時介入。

2.價量變化與行情預判

(1)多頭市場與空頭市場之定位

A.量比價先行：主趨勢中皆適用。

B.量價同步：反轉型態。

(2) 極短線：單日量

　　A.趨勢向上：單日創新大量後必有新高價可期。

　　B.趨勢向下：單日創新低量後必將再度探底。

　　C.漲勢回檔：單日量產生窒息量(當日成交量為5日平均量的1/2以下)且反向遞增，表示短線回檔已結束，股價回到原趨勢上漲。

　　D.跌勢反彈：單日量無法再遞增且反向萎縮，表示反彈結束持續下跌趨勢。此外反彈走勢經常出現量價同步或到頂的狀況。

　　E.頭部區：量大不漲或爆量一日反轉。

　　F.底部區：量縮不跌或極小量即能強力推升。

　　G.單日量預測比較法：盤中即可與前一交易日五分鐘成交量比較。

(3) 短期波段：5日均量

　　A.5日均量走平翻揚→買進。

　　B.5日均量反轉向下→賣出。

　　C.採預測扣抵法提前推測5日均量走勢。

　　D.具領先功能，只要突破或跌破前波高低點，則盤勢會隨後跟進。

　　E.具型態領先，例如W底、M頭、頭肩底、頭肩頂。

(4) 短期5日均量較常見型態：

　　A.底部區：雙重底、盤旋底。

B.右肩買點：未創新低量、上升角度轉陡、突破中期均量。

C.上升波：高角度上升、一底比一底高、上升平台、傾斜式上升。

D.頭部區：雙重頭、量價背離、量價同步到頂（小幅誤差）。

E.右肩反彈：未創新高量、假突破中期均量、死亡交叉。

F.下跌波：一峰比一峰低、高角度下跌、下跌平台、斜背式下滑。

(5)中期趨勢： 22日均量

　A.22日均量遞增向上（上升波）。

　　22日均量遞減向下（下跌波）。

　　22日均量走平橫向（整理波）。

　B.採預測扣抵法提前推測22日均量走勢。

　C.代表中期趨勢準確甚高。

　D.上升或下跌角度將直接影響中期波段走勢。

　　a.45度以上高角度將加速上漲或下跌。

　　b.30~45度為標準型上升或下跌，各短波走勢明顯。

　　c.10~30度較常出現於中期反彈或中期回檔走勢，幅度皆不大。

　　d.橫向走平或角度不明顯則盤勢傾向區間來回，但應考慮最後
　　　背離型態，或是上升平台、下跌平台（為主趨勢中途站）。

(6)中期22日均量轉折型態

　A.底部區：下跌角度趨緩、走平、微幅翻揚。

　B.右肩買點：上升角度轉陡、短中期均量黃金交叉。

　C.上升波：上升角度、上升平台。

D.頭部區：上升角度趨緩、走平、背離。

E.右肩反彈：微幅下跌、下跌角度轉陡。

F.下跌波：下跌角度、下跌平台。

註：中期22日均量最能精確掌握趨勢，尤其各階段間皆有「角度轉折點」，只要提前預測轉折後的變動方向，即可確認多空波段操作策略。

(7)成交量實戰心得

A.趨勢(22日均量)向上

a.成交量溫和遞增→續漲且量比價先行。

b.短期5日均量向上突破中期22日均量→波段買點。

c.拉回量縮不跌平台橫向整理→買進。

d.單日量突然急縮1/3以上且低於5日均量，為短線進入整理之徵兆，等短線回檔整理且成交量再度遞增時再買進。

e.成交量快速放大，以致5日與22日均量乖離過大→逢高先出，待5日均量拉回接近22日均量時再買進。

f.5日均量拉回未觸及22日均量，又再度回升時→買點。

g.5日均量拉回跌破22日均量，並且22日均量持續上升趨勢，若5日均量止穩再度翻揚時→買點。

h.22日均量上升一段時日後，若角度已漸緩和，表示中期價位已進入頭部區，宜隨時提高警覺，並且可能產生背離情況。

B.趨勢(22日均量)向下

a.成交量逐步萎縮盤跌且量比價先行。

b.短期5日均量向下跌破中期22日均量→波段賣點。

c.反彈量大不漲或反彈角度甚緩→賣出。

d.反彈經常出現單日量價同步到頂之狀況。

e.反彈出現最大量之後，若突然急縮1/3以上且低於5日均量，或再創波段新低量→股價將隨之破底，但通常會因量縮先反彈1~3天後再正式下跌。

f.5日均量若反彈未觸及22日均量，即告下滑時→賣點。

g.5日均量反彈突破22日均量，但無法扭轉22日均量下跌趨勢，若5日均量再度止漲回跌時→賣點

h.下跌後成交量快速萎縮，以致5日與22日均量乖離過大或5日均量於低檔出現類似雙底型態盤勢醞釀反彈或觸底，逢回或適時買進。

i.22日均量下跌一段時日之後角度已漸緩和，甚至已近走平，若預測未來持續扣抵低量，則表示中期價位已進入底部區，宜靜待買進時機，但仍宜防最後背離。（背離走勢請參考(二)波段買賣的檢定）

C.趨勢(22日均量)橫向走平

　　a.短線箱型區間來回操作。

　　b.上升平台轉折點→買進。

　　c.下滑平台轉折點→賣出。

　　d.橫向末端轉折方向及角度決定趨勢。

（二）波段買賣點的檢定

1. 波段頭部區的操作策略

(1) 頭部區的市場心理

 A. 股價經過一段時間上漲，投資人逐漸失去戒心而大量增加持股或擴張信用。

 B. 市場一片樂觀，媒體或消息偏多，並預測仍有相當的上升空間，個股出現喊價要做到某個價位。

 C. 高檔反轉型態確立後，仍抱一線希望，不敢面對現實出脫手中持股，深信是強勢整理，並迫不及待的進場攤平。

 D. 高檔順利出脫手中持股，但隨著股價下跌卻仍不斷的搶短線反彈，於是越套越多而終致虧損累累。

(2) 波段頭部的量價型態

《狀況一》中期均量已背離

1. 中期22日均量反轉向下。

2. 既然中期均量已反轉向下，可想而知單日量、5日均量必然也是隨著指數上漲卻反向走低。

3. 短期及中期技術指標如KD、RSI、MACD柱狀圖……等，同步出現賣出訊號。

4. 短期震盪技術指標高檔二度背離，中期技術指標高檔背離，宜防隨後可能出現較大規模的中期回檔。

5. 中期均量既已背離則時間因素僅做參考。（但若符合更確立）

6. 此種頭部型態最易判斷，通常是因為消息面的刺激使得漲勢持續延

伸，市場投資人較易受到利多消息迷惑而忽略人氣量能已退潮的事實。

7.短期5日均量首次跌破中期22日均量（均量死亡交叉）為第一次賣出訊號，若量縮後5日均量再度反彈，但未能扭轉中期22均量跌勢，且再度跌破22日均量（短中期均量二度死亡交叉）為最後退出時機。

8.若短期均量出現二度背離，通常都是醞釀在利空之後，一旦破線，大多隨之重挫或急跌。

9.操作心態：中線退出，短線提高警覺破線即應退出。

《狀況二》中期均量未背離

1.中期22日均量上升角度明顯趨緩或已走平。

2.單日量或5日均量未再創新高。（若5日均量背離或形成雙重頂則更為確立）

3.指數跌破短中期均線或重要上升趨勢線。

4.個股領先跌破頸線或破底之家數逐漸增加。

5.盤頭階段大多符合中期時間轉折。

6.中期週線技術指標如KD、RSI、MACD柱狀圖……等，出現賣出訊號。（若背離則更可確定行情將反轉向下）。

7.短期技術指標如KD、RSI、MACD柱狀圖……等，出現一次或二次高檔背離。

8.短期5日均量首次跌破中期22日均量且持續萎縮，為第一次賣出訊號，若再反彈觸及22日均量，此時短線5日均量如無法扭轉中期22日均量下跌趨勢，則為最後賣出訊號。

9.操作心態：22日均量走平無力推升時，即應提高警覺，一旦中期

22 日均量反轉向下，則短中線應立即退出。

《狀況三》一日反轉

1. 短中期均量皆未背離。

2. 短中期均量、均線、型態、技術指標皆無明顯賣出訊號，故操作上最難防範。

3. 成交量暴增且創波段最大量，行情開高走低從最高至最低震盪幅度約7%以上，造成短線大量套牢。

4. 3 日內雖有短線反彈，但量價皆同時無力突破新高點，且量縮低於5 日均量，此時指數若跌破短期5 日均線及短線上升趨勢線，為第一次賣出訊號。

5. 由於自高檔反轉向下，成交量熱絡，投資人仍會心存希望，因此若第一次賣出未及出脫者，可以在右肩反彈時把握最後賣出的時機。

6. 通常右肩完成時機約在5 日均量反彈觸及22 日均量時，因為22 日均量已反轉向下，若短期5 日均量遞增無法改變中期22 日均量的跌勢，則反彈最大量出現後即是賣出的時機。

2. 波段右肩逃命的操作策略

(1) 右肩的市場心理

經過了主升段、末升段長時間上漲，不但交易熱絡而且獲利容易，市場早已失去戒心，尤其在漲升的過程中，似乎於短線回檔未及時介入者都會錯失獲利良機，何況通常在頭部及右肩階段，人氣、成交量或許已經逐漸退潮，但股價還能保持相當水準，若再配合利多消息的刺激，往往會使得市場投資人誤認為自頭部拉回與以往一樣僅是短線回檔，而預期仍有再創新高價的機會，因此右肩反彈極可能再增加套牢籌碼，自此後頭部及

右肩所形成的雙重套牢浮額，造成較大的殺盤力道。

(2) 波段右肩頂的量價型態

    A. 中期22日均量已走平或反轉向下。

    B. 短期5日均量已明顯低於頭部或左肩的短期均量水準。

    C. 短中期技術指標出現賣出訊號。

    D. 依經驗法則融資餘額都是在右肩出現最高峰。

    E. 中期均量走平則較難認定僅是短線回檔或是右肩逃命，因此宜留意中期22日均量走平末端轉折區，若反轉向下且下滑角度轉陡，則右肩確立殺盤力道轉強，其前兆為單日量或短期均量快速萎縮，因此短期5日均量通常也會於中期均量反轉區同步向下跌破形成短中期均量死亡交叉，即是波段賣點。

    F. 反轉過程中，5日均量遞增突破或觸及22日均量時，會使得市場誤以為即將展開另一波漲勢，但若無法改變中期均量下滑趨勢，以致反彈結束之後再度延續下跌走勢，即所謂短線強勢卻無法挽回中線頹勢，因此宜優先考慮中期均量確立趨勢之後，再考慮短期均量動向。

    G. 中期22日均量已下滑且5日均量二度跌破22日均量，可視為最明確的賣出時機，不必猶豫且應排除消息面干擾。

3. 波段底部的操作策略

(1) 底部區的市場心理

    A. 投資人因盤跌或急跌以致持股信心不足，小賺就賣。

    B. 心理仍然恐懼，突發性的利空，終於下定決心認賠殺出高檔套牢的持股。

C. 出清持股後更加看壞後市，股價已觸底反彈，但心態則一時難以調整，以致未能及時翻多或者甚至反向融券放空。

D. 築底期間媒體或消息面仍然偏空，實則為利空洗盤。

(2) 波段底部區的量價型態

《狀況一》V型反轉

相對於人性的貪念，一日反轉較常出現於高檔，而底部區開低走高的一日反轉型態，除了1987~1989年大多頭行情出現時的機率較為高之外，自12682點步入大整理格局以來，只出現過兩次。第一次是1990年元月17日的3142點，也就是波斯灣戰爭開打時曾經出現，第二次是2020年3月13日8523點，原因是COVID-19肺炎導致股價形成V行反轉。至於其他中期底部的成立皆須經過量縮擴大打底完成，依台灣股市經驗法則歸納V型反轉的型態如下：

1. 重大利空導致起跌

2. 島狀反轉

3. 第五波浪下跌且第四波為平台整理走勢

4. 下降楔形

《狀況二》中期均量已翻揚

1. 中期22日均量已反轉向上。

2. 通常波段底部需經過長期量縮、籌碼沉澱，因此短期5日均量在底部區的角度皆較平緩。

3. 單日量未再創新低，且5日均量首度向上突破22日均量，形成短中期均量黃金交叉，為第一次波段買點，若5日均量再度拉回觸及或接近

22 日均量之後又翻揚，且未破前波 5 日均量水準，則可視為第二次買點或最佳買點。（通常第二次買點皆有利空消息配合，換言之，利空衝擊而未破底，顯示人氣、資金已漸回流）。

4.上述若短中期均量形成第一次黃金交叉之後，量能即呈現快速遞增，則有可能是已看回不回的走勢拉大與底部的距離，如此高角度上漲，往後的回檔應是為強勢整理。

5.當 5 日均量打底完成且正式帶量突破 5 日量頸線，短中期均量呈多頭排列且量能續增，則漲勢確立，至於上漲速度則決定於短中期均量翻揚的角度。

6.短中期技術指標同步出現買進訊號。

7.短期技術指標低檔二度背離，中期技術指標低檔背離，則可推測未來為較大規模的中期波段漲勢。

8.操作心態：中期均量既已翻揚，短中期可分批介入並採波段操作。

《狀況三》中期均量橫向走平

1.22 日均量下滑角度甚緩或走平。

2.此種型態短期 5 日均量不易單腳回升，通常至少需要打雙底，最好於雙底完成且向上突破 22 日均量，形成短中期均量黃金交叉時再介入較妥，此種底部通常都是因為市場氣氛悲觀而擴展底部時間，甚至亦有可能延長為 6 週均量打雙底，不過底部壓抑時間越長或許漲升的爆發力也會越強。

3.指數突破短中期均量或重要下降趨勢線。

4.帶量突破 5 日均量打底頸線區之際亦為介入時機。

5.盤底階段大多符合中期時間轉折。

6.中期週線技術指標出現買進訊號。（若背離更可確立漲勢）

7.短線技術指標出現一次或二次低檔背離。

8.操作心態：留意打底完成後，若帶量突破短期均量頸線或與中期均量形成黃金交叉時即應介入。

（三）逆時針曲線

逆時針曲線為日本人所發明的一種技術線型，它主要是依據量價關係所設計的技術分析工具，在期貨與股票上運用甚為廣泛，其功能在表達股市多、空各階段的量價關係，使投資人能正確的掌握理想的買賣時點。

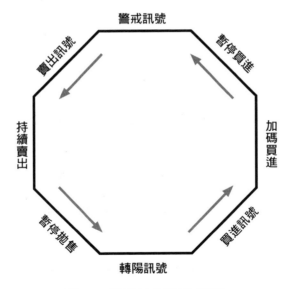

圖9-1　逆時針曲線(八角形)
資料來源：作者整理

其繪製方法是：

1.以方格紙繪製，縱軸（垂直線）代表股價或指數，橫軸（水平線）代表成交量或成交張數。

2.選擇平均價、平均量的週期。視個人情況而定，日線不妨長些，我認為用22日均價及均量，來研判中長期走勢較為理想；至於週線，我認為13週均價及均量較為穩固且理想。

3.座標垂直縱軸為移動均價，水平橫軸為移動均量，兩者交叉點稱為座標點，每日、每週座標點連接起來就是「逆時針曲線」。

上面八角形的曲線圖中(見圖9-1)，由轉陽訊號至暫停拋售呈逆時鐘方向前進，由於成交量會先行反映出股價走勢，故從逆時針曲線的走勢中可獲得如下八點啟示：

1.轉陽訊號——當成交量增加時，而股價正好在底部區徘徊不進，此意味不久將轉為上揚，因此可少量建立基本持股。

2.買進訊號——成交量持續增加，而股價亦逐漸上升，因此可逐步買進1/2~2/3。

3.加碼買進——成交量再創新高，股價再次上漲，可再加碼買進。

4.暫停買進——成交量轉為減少，僅股價再次上漲而已，此時多頭應暫持觀望態度。

5.警戒訊號——成交量再次減少，而股價亦告靜止不動，此時為警戒訊號，應分批出脫1/3持股。

6.賣出訊號——成交量維持在低水準，而股價開始轉為下挫，此時應持續出脫持股，若趨勢線、型態及關卡價皆已轉壞，應反手放空。

7.持續賣出——成交量仍然在低水準，而股價還是繼續下降，此時手中應不再有持股，放空者可加碼放空。

8.暫停拋售——成交量已有轉為增加之勢，而股價仍處於下跌狀況，此時幾乎已接近底部區，故放空者應開始回補。

逆時針曲線可以明顯的標示出價量關係，誘導投資人在適當的時刻進場買進或拋售，並告訴何時需保持觀望態度，特別對於確認底部最為有效，如能配合其他技術指標一起研判，當屬於上上之策。

（四）成交量與型態、時間的關係

在技術分析中，量價理論越來越受到重視。成交量的變動，顯現出市場交易是否熱絡、人氣是否旺盛，沒有成交量的發生，市場價格就不可能變動，自無股價趨勢可言。

成交量的擴增或萎縮表現於股價趨勢上，因此技術分析使用者觀察市場行情的波動及依據所收集的數據，研究歸納出：「成交量與股價趨勢同步同向增加時，股價上升；成交量遞減時，股價滑落。成交量因後繼不足，不能顯示出真正進行的趨勢軌道時，短時間內股價即將反轉。成交量與股價出現背離現象時，將是趨勢反轉的前兆。」

股市分析專家葛蘭碧(Joseph E. Granville)認為成交量是股市的元氣，他曾在所著的《股票市場指標》(*The Stock Market Indicators)* 書中指出，以變動率原理製作的成交量變動率所畫出的曲線，在空頭市場和多頭市場，幾乎先行於股價。最近的研究更進一步確認成交量是股價的先行指標。

1.量與價型態分析

成交量與股價趨勢的關係歸納為下列九種：

(1)價量同升：為股票市場的正當準則，此種量增價漲之關係，為量價同步，意味著股價將持續上漲。

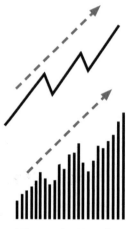

圖9-2　價量同升
資料來源：作者整理

(2)價量背離：在波段上漲的末升段中，股價隨著成交量的遞增而上漲，而後股價突破前一波的高點，繼續上漲，但成交量水準卻低於前一波上漲成交量之水準，價創新高，量卻無法突破，此為量價背離，有股價反轉之訊號，此波股價漲勢令人懷疑。

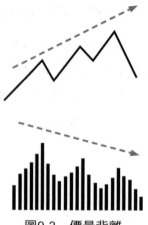

圖9-3　價量背離
資料來源：作者整理

(3)價量同減：股價上漲，但是不再創新高。同時成交量逐漸萎縮，成交量是股價上漲的原動力，原動力不足顯示出股價趨勢逐步下跌。

圖9-4　量價同減
資料來源：作者整理

(4)量滾量：通常股價是隨著成交量緩步的遞增而上漲，若突然股價呈現垂直上升的噴出行情及成交量的急速增加後，隨之而來的是成交量的大幅萎縮、股價的急速下跌，這表示主力出貨完畢，漲勢已到末期，上漲乏力，走勢力竭，顯示出趨勢反轉的訊號。

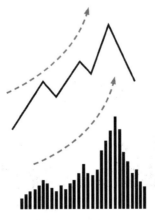

圖9-5　量滾量
資料來源：作者整理

(5) 價穩量縮打底：在一波的長期下跌到谷底後，股價出現反彈，成交量沒有遞增現象，顯示股價上漲乏力，然後再跌回谷底附近，當第二隻腳低於第一隻腳的成交量時，是股價將上漲的訊號。

圖9-6　價穩量縮打底
資料來源：作者整理

(6) 多殺多殺融資斷頭：股價經過一段長時間的下跌，出現恐慌性賣壓，隨著日益擴大的成交量，股價大幅滑落，繼恐慌性賣出之後，預期股價可能上漲，同時不可能在極短時間內創新低。在恐慌性大量賣出之後，往往是空頭市場的末跌段。

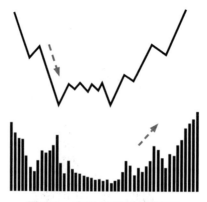

圖9-7　多殺多殺融資斷頭
資料來源：作者整理

(7) 跌破重要關卡價量：趨勢反轉，股價下跌，向下跌破型態、趨勢線、移動平均線或關卡價，同時暴出大量，是股價下跌的訊號。

圖9-8　跌破重要關卡價量
資料來源：作者整理

(8) 量增價不漲：股價上漲一大段後，出現量巨增，股價卻上漲乏力，在高檔盤旋，顯示股價在高檔震盪，賣壓沉重，此為股價下跌徵兆。

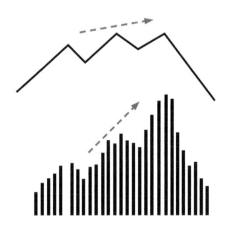

圖9-9　量增價不漲
資料來源：作者整理

(9) 量增價不跌：股價下跌一大段後，在低檔出現大成交量，股價卻沒有進一步下跌，價格僅小幅變動，此即表示主力進貨，通常是即將上漲的訊號。

圖9-10　量增價不跌
資料來源：作者整理

2. 量與價時段分析

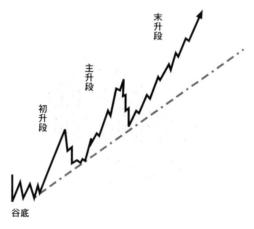

末升段

主升段

初升段

谷底

圖9-11　多頭市場變化
資料來源：作者整理

(1) 多頭市場變化

　　A. 谷底時期

　　　　a. 量減價平、量減價跌→繼續往下探底。

　　　　b. 量平價平→盤整箱型打底。

　　　　c. 量增價平、量增價盤低→表示主力開始介入，可注意買進時機。

　　B. 初升段

　　　　a. 量平價漲→迅速上漲，但時間很短。

　　　　b. 量增價平→股價上漲，漲勢確立→買點或加碼。

　　C. 主升段

　　　　a. 量漸增價漸漲→持續上漲。

　　　　b. 量價齊揚→上漲趨勢強。

　　　　c. 量減價平、量減價盤低→拉回後仍會上漲。

　　　　d. 量大增價平、量大增價盤低→回檔徵兆→找短線賣點。

　　　　e. 量大增後萎縮、價跌趨勢反轉。

　　D. 回檔整理

　　　　a. 價平量平→盤整階段，等待時機介入。

　　　　b. 量平價漲、量減價漲→上漲有限。

　　　　c. 量增價平→可能上漲。

　　　　e. 量增價漲→上漲力道強。

　　　　f. 久盤量增價平、久盤量增價跌→必跌。

E. 末升段

　　a. 量增價漲→續漲。

　　b. 量暴增價漲→急漲並創新高→注意趨勢反轉。

　　c. 量暴增價平、量暴增價跌→反轉徵兆。

　　d. 量暴增後萎縮、價跌→大跌徵兆。

(2) 空頭市場變化

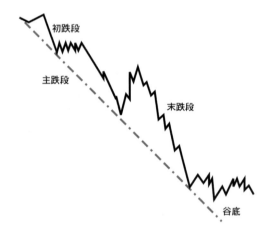

圖9-12　空頭市場變化
資料來源：作者整理

A. 初跌段量減價跌→趨勢開始下跌。

B. 主跌段

　　a. 量減價跌→持續下跌。

　　b. 量平價跌→可能反彈。

　　c. 量增價平→可能反彈。

C. 盤整反彈

    a. 量平價跌→往下盤跌。

    b. 量平價平→一定區間內上下盤整。

    c. 量減價漲→弱勢反彈。

    d. 量增價增→強勢反彈→反彈 1/2 以上。

    e. 量大增價平、量大增價跌→反彈尾盤(所以空頭市場反彈不能暴大量,否則反彈結束繼續下跌)。

D. 末跌段

    a. 量平價跌→持續探底,但低檔有限。

    b. 量減價平→持續探底,但低檔有限。

    c. 量減價跌→持續下跌趨勢。

    d. 量平價平→進入底部盤整。

E. 谷底

    a. 量平價平→區間打底。

    b. 量平價跌盤→盤整時間可能延長一段時間。

3. 量與價變動分析

(1) 成交量增加時期

A. 價漲

    a. 初升段→漲勢已成。

    b. 主升段→量價遞增,持續上漲。

c.末升段→量暴增，價將近頂，注意轉折訊號。

d.盤整後→量增價漲，持續上漲或回升可期。

B.價跌

a.谷底時→量增價平、量增價跌，主力介入。

b.主升段→量大增價跌，回檔徵兆或多頭弱勢。

d.末升段→量暴增價跌大跌徵兆。

e.盤整甚久→量增價跌、量增價平可能續跌。

C.價平

a.谷底時→量增價平，主入介入。

b.盤整後→量增價平可能回升。

c.盤整甚久→量增價平，可能下跌。

d.末升段→量暴增價平，可能反轉。

e.支撐區→量增價平，支撐強，可能反彈。

f.壓力區→量增價平、量增價跌，壓力強，可能拉回。

(2)成交量減少時期

A.價漲

a.主升段→量大增後減少，回檔之勢。

b.末升段→量暴增後量萎縮，大跌之勢。

c.盤整後→量減價漲，上漲有限。

B.價跌

　　　　a.初跌段→量減價跌，持續弱勢下跌。

　　　　b.主跌段→量減價跌，持續下跌趨勢。

　　　　c.主升段→量減價跌，可能為多頭強勢。

　　D.價平

　　　　a.谷底區→量減價平，區間上下打底。

　　　　b.主升段升至壓力區→量減價平，於壓力區小幅盤旋整理。

　　　　c.末升段→量先暴增後萎縮，價平反轉徵兆。

　　　　d.主跌段→至支撐區量減價平，支撐力小，可能持續再跌。

(3)成交量持平時期

　　A.價漲

　　　　a.初升段→漲勢弱，持續盤整。

　　　　b.盤整後→反彈、回升力道弱。

　　　　c.末升段→漲勢弱，可能回檔。

　　B.價跌

　　　　a.初跌段→量平價跌賣壓小，下跌有限。

　　　　b.主跌段→量平價跌賣壓小，進入盤整。

　　　　c.盤整後→量平價跌，盤軟。

　　C、價平量平→持續盤整。

(3) 價量關係變動總表

表9-1 價量關係變動總表

價	量	初漲 （漲勢初期）	已漲 （已漲一段）	初跌 （跌勢初期）	已跌 （已跌一段）	高旋 （高檔盤旋）	低旋 （低檔盤旋）
漲	增	漲勢已成，宜進，並可加碼	若出現巨量，可能主力出貨，逢高分批賣出	後市不明宜觀望	後市不明宜觀望	注意漲勢是否形成	注意漲勢是否形成
漲	增	漲勢未成，可能僅曇花一現，觀望	價量背離，近日恐會反轉，逢高分批賣出	後市不明宜觀望	後市不明宜觀望	注意漲勢是否形成	注意漲勢是否形成
漲	平	漲勢未成，可能僅曇花一現，觀望	頭部或將出現，注意後市發展	後市不明宜觀望	後市不明宜觀望	注意漲勢是否形成	注意漲勢是否形成
跌	增	後市不明宜觀望	若出現巨量，可能主力出貨，宜賣出	判斷接手情形，以定進出	價量背離，近日可能會反轉，逢低分批買進	注意漲勢是否形成	注意漲勢是否形成
跌	縮	後市不明宜觀望	後市不明宜觀望	跌勢正形成，底部不知何處宜觀望	若量縮很大，底部或將出現，逢低分批買進	注意漲勢是否形成	注意漲勢是否形成
跌	平	後市不明宜觀望	後市不明宜觀望	後市不明宜觀望	底部或將出現，注意後市發展	注意漲勢是否形成	注意漲勢是否形成
平	增	後市不明宜觀望	量放大而價不漲，可能做頭，宜賣出	後市不明宜觀望	可能將止跌回穩，酌進	主力有進貨可能，判斷其動態，酌進	打底完成，宜進
平	縮	後市不明宜觀望	頭部或將出現，注意後市發展	後市不明宜觀望	價穩量縮，底部形成，宜進	判斷量縮情形，以定進出	打底完成，宜進
平	平	後市不明宜觀望	後市不明宜觀望	後市不明宜觀望	後市不明宜觀望	後市不明宜觀望	後市不明宜觀望

資料來源：作者整理

Chapter 10

| 預測股市波動的進階方法 |

　　股市的波動並非隨機漫步，而是有一定的規則可循。了解這些規則，可以讓你更準確的預判股市的波動。

（一）費波蘭希級數

　　費波蘭希級數（義大利語：Successione di Fibonacci）可追溯至西元十二世紀，是由義大利著名的數學家費波蘭希(Leonardo Fibronacci)引薦而來。根據歷史記載，費波蘭希前往中東旅行，從埃及回來的時候，行李中帶了許多神秘的數字，然後將這些數字命名為費波蘭希級數。也許這個級數中的數字關係太過神秘，當時的學者對它除了好奇之外，並沒有從事更進一步的研究。近代的非線性數學理論，才將費波蘭希級數充分發揚光大，並在股票市場上被廣泛使用。

1.神奇的費波蘭希級級數

　　費波蘭希級數的本身十分簡單，艾略特（Rolph Nelson Elliott）認為

這種簡單費波蘭希級數，是宇宙中各種行為的數學核心。級數的起點是1，按照序列如下：1、2、3、5、8、13、21、34、55、89、144、233、377、610、987、1598……如此不斷延伸下去。

費波蘭希級數，經觀察發現，具有下列非常奧妙的特性：

(1) 相連的兩個級數之和等於下一個數目。舉例來說：

1+1=2，1+2=3，2+3=5，3+5=8，5+8=13，8+13=21，13+21=34，21+34=55，34+55=89，55+89=144……等。

(2) 在級數中，任何一位數，當作被除數，這個數字的前兩位級數當作除數，所得商數，永遠是2，它的餘數，剛好是除數的前面一位級數。舉例來說：

如果用13／5，商數為2，餘數等於3，3就是5這位數的前面一位級數。再換個數字來看也一樣，如果用144／55，商數為2餘數等於34，34就是55這位數的前面一位級數。

(3) 任何級數除以下一位數，其商數大約為0.618。舉例來說：

13／21=0.61905。21／34 = 0.6176470。

34／55=0.6181818。55／89 = 0.6179775。

(4) 任何相鄰的兩個級數，其比例大約是1：1.618。舉例來說：

89／55=1.6181818。233／144 = 1.6180556。

(5) 任何數目與次兩位的數目相比，其比例為2.618。舉例來說：

89／34=2.61765。144／55=2.61818。

若使用1.618的平方所得的數目為2.17927，也大約近似於2.618。

再換個角度來看1.618的倒數等於0.6180469。

(6) 費波蘭希級數中，由1開始的順序級數，其平方和等於上一位級數與下一位級數的乘積。舉例如下：

12+12+22+32=3×5

12+12+22+32+52=5×8

12+ 12 + 22 + 32 + 52+ 82 =8×13

(7) 在費波蘭希級數中，任何一位數字的平方與次兩位數字的平方，其差數必然也是費波蘭希級數中的數字。舉例如下：

52 =（3×8）+1

82 =（5×13）-1

132=（8×21）+1

212 =（13×34）-1

2.費波蘭希級數中不變的自然定律

在自然規律中，艾略特提到吉瑞亞的大金字塔。許多人對這個金字塔顯露的神祕訊息，感到非常不可思議。這座金字塔的高度整整是5813公尺，這是費波蘭希級數中的數字。金字塔的底邊與高度的比例，整整是61.8：100。就費波蘭希本人而言，他只把這個級數運用在數字的累積上，像是一對小白兔的繁殖數字。但是艾略特卻發現了這一再重複的自然現象，可應用在於證券市場上。

艾略特曾經引用在傑·漢比基（Jay Hambidge）的著述《動態對稱實際應用》(Dynamic symmetry)。書中敘述向日葵的中心，出現八十九顆種子，這些種子是以五十五列呈對數性的螺旋整齊排列，反方向有三十四條橫列交叉而過。例如：松果呈現螺旋型的五條排列，另外一個交叉的排列是

八行；在鳳梨的外皮上，我們可以發現交叉的螺旋圖形，其比例是13：8；在檢視雛菊的花朵時，更可以發現其螺旋型的花瓣排列，是21行對34行；貝殼上發現的對數性及等角性的螺旋排列花紋，還有樹的生長情況、象牙、美國高山山羊的羊角，也都有對數的螺旋圖樣。

我們常常可以發現費波蘭希級數的實例，以及黃金定律1.618的關係，讓人難以想像。艾略特在他的著作《自然定律》（*Nature's Law*）中，提出了下列例證：

(1) 人體的結構，也以總和級數為依據，完全和證券市場的週期5~3的模式相同。從人體的軀幹上，分出五個部位：頭、雙手及雙腿，這些部位按照週期的模式，可分成三個部分。腿部分為大腿、小腿和腳；手臂可以分為上臂、前臂和手掌；然後腿部可以細分為五個腳趾；手掌也可分為五個手指。在手指的末端，再分為三個指節，從頭到底都是五和三的模式。

(2) 在音樂中，每一個音階分成八個全音階音符。在五線譜上，出現了十三個半音階的音符。在音樂中有三個基本要素：旋律、和聲、節奏。根據黃金比例，都是最自然的和聲。

(3) 彩色中有三原色，調和三原色變化成其他各種色彩。

(4) 美國首都有一座華盛頓紀念碑的比例是0.618。紀念碑的基座面積為五十五平方呎，邊長為三十四呎。基座上有八個台階，還有八個窗戶。紀念碑分為三個部分：基座、石碑、頂石，頂石呈金字塔形。艾略特認為這種直覺的本身就是「費波蘭希級數」，這個級數管制著全人類、動物、植物，甚至宇宙，是任何行為的基礎。

3.費波蘭希級數與宇宙週期息息相關

當有突發狀況發生時，對股價走勢的影響，屬於情緒性反應，而並非理性的反應。就每位股票研究者而言，都會對此感到濃厚興趣。在費波蘭希級數中，也發覺了情緒週期的行為模式。

對許多科學家而言，科學與股價間有著某種微妙的關係。幾十年以前，就有科學家開始嘗試研究太陽黑子的週期和天文的力量，與股價間的關係。DR.R. Burr 在以前發表的著作中表示：「太陽黑子活躍的情形，直接影響了地球磁場的週期，這個磁場影響了地球上各種生命型態的行為。」

雖然這些資料的真正價值尚待確定，但無論如何，必須注意到太陽黑子的週期順應著費波蘭希級數，並配合了太陽系中各行星的移動與行星間的關係。更明確地說，地球磁場裡量的改變，造成人體血液中氨基酸失去平衡，於是改變了人類的情緒，很可能造成人類行為模式的巨大改變。

4.結論

在任何知識的學習中，最怕的就是知識上的偏見，那是最嚴重的盲目。因為自以為是的人，總是不願敲碎心中的那面牆，人們用牆隔開了一切，就如狼來了的啟示，那位不斷喊著：狼來了的孩子，他並不知道自己的愚蠢，他只知道一再的喊著：「狼來了！」。很多事不得不跟著自然走，為什麼金字塔、花朵、音樂、動物，甚至是宇宙，都有它一定的比例，這就是自然的定律，誰也改變不了，唯有跟著定律走，生命才能生生不息。根據歷史的演變與觀察，發現股價與時間或漲跌幅度的關係，與費波蘭希級數有著密不可分的關係，而且多年來的使用上已經廣為大家接受。所以，我們對於費波蘭希級數必須充分的了解，因為它不僅提示了股票市場的行為，也說明了以前所不能了解的生命行為模式。

（二）黃金分割率

「黃金率」在「美學」或自然界中是一個相當重要的比例數字，舉凡金字塔的建造、書本紙張長寬比例，均運用到「黃金率」的比例數字。在自然界中，舉凡星相、生物繁殖等，均有相當關係。

而「黃金率」的學理直至西元十三世紀，經由費波蘭希級數，才得以有完備的理論來加以證明。

雖然有許多股價波動分析法都使用費波蘭希級數之觀念。但是，Robert Fischer 先生創立之「黃金分割率」（Golden Section Compass System=GSC，或稱黃金率）卻是完全根據費波蘭希級數觀念所建立之一個分析方法。由於費波蘭希比率能夠準確地反映出人類行為（human behavior） 之自然定律， Fischer 於其著作《*Fibonacci Trading*》及《*The Golden Section Compass Seminar*》使用黃金分割率來探討個別股價（或期貨）價格變動之高低點，進而設定「停止損失規則」（Stop Loss Rules）。

Fischer 並非唯一觀察股價波動型態之股市專家，前面談到的艾略特的波浪理論，將股市循環歸納為五個波浪型態及三個修正波浪。1946 年艾略特先生在其著作《自然定律》（*Nature's Law*）一書中，曾經列示股價波動的「完整循環週期」。

表10-1　股價波動的「完整循環週期」

	1	2	3	5	8	13	21	34	55	89	144	233
1	1	2	3	5	8	13	21	34	55	89	144	233
2	0.5	1	1.5	2.5	4	6.5	10.5	17	27.5	44.5	72	116.5
3	0.333	0.667	1	1.667	2.667	4.33	7	11.33	18.33	29.67	48	72
5	0.2	0.4	0.6	1	1.6	2.6	4.2	6.8	11	17.8	28.8	46.6
8	0.125	0.25	0.375	0.625	1	1.625	2.625	4.25	6.875	11.25	18	29.25
13	0.077	0.154	0.231	0.385	.0615	1	1.615	2.615	4.23	6.846	11.077	17.923
21	0.0476	0.0952	0.1429	0.238	0.381	0.619	1	1.619	2.619	4.238	6.857	11.095
34	0.0294	0.0588	0.0882	0.147	0.235	0.3824	0.6176	1	1.618	2.618	4.235	6.853
55	0.01818	0.03636	0.0545	0.0909	0.1455	0.236	0.3818	0.618	1	1.618	2.618	4.236
89	0.011236	0.2247	0.0337	0.05618	0.08989	0.146	0.236	0.382	0.616	1	1.618	2.618
144	0.006944	0.013889	0.0208	0.0347	0.5556	0.0903	0.1458	0.236	0.382	0.618	1	1.618
233	0.004292	0.008584	0.012876	0.021459	0.034335	0.055794	0.090129	0.145923	0.236052	0.381974	0.618026	1

資料來源：作者整理

相隔一行：相隔一行數字的相除，如3／5=0.6; 5／8=0.625；8／13=0.6153；餘則類推。最終所得到的結果約為0.618。

相隔兩行：相隔二行的數字相除，如3／8=0.375；5／13=0.385；8／21=0.381；餘則類推。最終所得到的結果約為0.382。

相隔三行：相隔三行數字相除，如3／13=0.2307；5／21=0.238；8／34=0.2352；餘則類推，最終所得到的結果約為0.236

相隔四行：相隔四行數字相除，如3／21=0.1428；5／34=0.1470；8／55=0.1454；餘則類推，最終所得到的結果約為0.146

用1減去相隔一行相除的數值，剛好得到相隔二行相除數值。

用1減去相隔三行相除的數值，得到0.764

用1減去相隔四行相除的數值，得到0.854

如此將這一連串的數值，排列起來則是0.146、0.236、0.382、0.5、0.618、0.764、0.854此為黃金分割率。依我們的經驗法則，有另外一組黃金分割率0.191、0.382、0.5、0.618、0.809。

上述所推算出之黃金比率均在0~1之內，至於大於1之黃金倍數該如

何推演，可以利用反除的方式來取得。以相隔一行推算出的黃金比率0.618將該值反除：

一次方　1／0.618=1.6180;

二次方　1.6180×1.6180 = 2.6181;

三次方　1.6180×1.6180×1.6180 = 4.2362;

四次方　2.6181×2.6181=6.8544。

如此將這一連串的數值，排列起來則是1.618 ;2.618 ; 4.236 ; 6.854此為黃金倍數。

時間預測天數（Time - Goal Days）：1984年，Fischer提出GSC技術分析法，認為新的股價方向將發生或在短期內發生，其天數可以使用下列公式計算出來：

Tk= 1.618×（Li- Li-1）+ Li

Tk + 1=1.618 ×（Hi-Hi-1）+Hi

此處， Li及Hi 分別代表一段期間低價發生之天數及高價發生之天數。Li代表低價發生之天數，而Hi代表高價發生之天數。在上升行情中，Li通常發生在Hi之前。

為了便於計算，高價或低價之極限點（極端點）只能使用兩次（即只能選用兩個高價點或低價點於公式計算中），一次是第一個點，另一次則為第二個點。圖10-1說明其計算順序，轉折時間天數預測T5，是在轉折時間天數預測T7之後，使用低價點L3及L4於公式計算中。當一段短暫之時間之中發生多於一個轉折時間天數預測，或者高價點或低價點形成之轉折時間天數預測頻率，頗具意義（重要性增強），主要之反轉（major reversal）可能性也會提高（增加）。

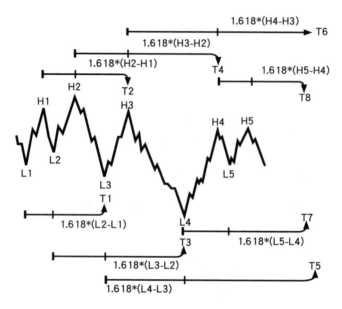

圖10-1 用黃金分割率預測股市轉折
資料來源：作者整理

　　對於多頭操作者而言，當下跌行情結束而另一段上升行情開始前，「五日價格反轉」是一種特殊之進場信號。所謂「五日價格反轉」是指收盤價高於過去五天內之高價。上升行情中之第五根陽線，其收盤價即高於前五天之最高價。

1.價格預測（Price Goals）

　　最基本的黃金分割率觀念完全建立在費波蘭希級數中。簡單的說，股價波動可能在黃金分割率的0.382、0.5與0.618產生有很強的支撐或阻力。除此之外，股價波動在0.191（0.382的一半）、0.809 （0.618+0.191）也可能產生支撐或阻力。

　　在上升行情展開時，股價波動可能會在上漲幅度達到0.191、0.382、0.5、0.618、0.809、1 時產生很強的抵抗力量（阻力），當股價上漲起過

一倍時，股價波動會在 1.191、1.382、1.168、1.5、1.809、2 時產生抵抗力量（阻力）。二倍或三倍以上時，以此類推。相同的，下跌行情展開時，股價波動也可能在下跌幅度達到 0.191、0.382、0.5、0.618、0.809 時產生很強的支持力量（支撐）。前述粗淺的黃金分割率觀念，應用於股價加權指數之大勢研判上，頗具參考價值。

黃金分割率並非只能運用在股價加權指數之大勢研判上，它也可以適用於個別股目標價格之預測上。1984 年 Fischer 先生將費波蘭希理論加以改良，且使用類似之高價點及低價點來確定價格目標（見圖 10-2）。低價點（LOW）是指第一個波浪之低價點，及第三個波浪及第五個波浪之價格目標可以根據第一個波浪而予求出，它的基本公式如下所示：

第三波目標價格 ＝ 0.618（第一波最高點－第一波最低點）＋第一波最高點

第五波目標價格 ＝ 1.618（第一波最高點－第一波最低點）＋第一波最高點

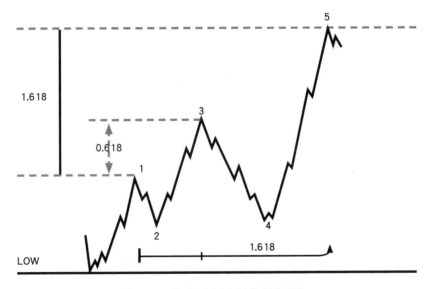

圖10-2　黃金分割率的價格預測
資料來源：作者整理

很明顯的，這種價格預測的計算方法仍然沒有脫離前述黃金分割率的基本觀念。股價波動可能在上漲幅度（或下跌幅度）達到0.191、0.382、0.5、0.618、0.809時遭受抵抗（或支撐）。對於個別股而言，前述公式沒有計算第二波浪及第四波浪拉回之價格幅度，況且個別股之中級或次級行情中第五個波浪有時並不顯著，因此此一價格預期公式並沒有太高之準確率。一般來說，如果個別股第三個波浪並沒有符合黃金分割率之自然率，則第五個波浪就可以參考黃金分割率之理論。

某些技術分析專家，認為黃金分割率之價格預測較適用於個別股（或股價指數）的長期大勢研判上，1984年，Trucker J. Emmett先生在其著作《Technical Analysis of stock & Commodities》中，曾建議投資人將價格預期運用於股價波動的長期（以月為單位再乘以費波蘭希級數）大勢研判上。例如長期使用之股價低價點作為目標預測的公式：1.618原始股價波動。Emmett先生強調，當價格預測及時間預測在同一個時點同時發生時，投資人可以深信這是非常值得信賴的信號。

2.時間波的預測

波浪理論有九個不同的層級，其運行的時間有一定的自然規律。例如：完成一波的時間（3個月）與完成較高一層級的一波時間（21個月）比例關係為6.86；完成一波的時間（21個月）與完成較高一層級的一波時間（144個月）其比例關係為6.86；完成一波的時間（144個月）與完成較高一層級的一波時間（987個月）其比例關係為6.86。

3.高低價的誤差區

黃金分割率的創始人Fischer先生認為「黃金分割率」(GSC)技術分析法的應用，必須考量黃金切割率的誤差因素（例如0.191、0.382、0.5、0.618、0.809；1、1.191、1.382、1.5、1.618、1.809；2、2.191、2.382、

2.5、2.618、2.809、3……等等，依此類推）來辨明重要的高低價。投資人可以根據市場的變動性來調整誤差因素，而且要保持隨時調整的機動性態度。

（三）股價的循環週期

1. 股價週期循環的原理

構成股價漲跌變化的因素頗多，除了政治、財經、業績等實質因素之外，人為因素等籌碼供需的增減，往往亦是促成股價漲跌的要素之一。雖說影響股價的因素頗多，但一些先進的精明操作者，在運用長期的統計和歸納之後，卻往往均可發現到它具有規律的週期性，並已應用到股價的操作上面，此即為「日數循環」的應用。

通常說來，日數循環的原則需要予以「對稱」，亦即若是一檔漲升行情，所用的是為六十個交易天的話，那麼該股漲升行情的回跌至結束所需的時間，亦需要約六十個左右的交易天，來完成對稱，如此一漲一跌間，始為一個「波段」的正式結束，爾後再有漲跌的話，係為另波段的開始。

上述為「波段」完成日數對稱循環原則，但是在一個漲升行情的尚未結束之時，「回檔」整理可能時間的長久，亦可以「循環」的原則來予參考應用。該原則亦如幅度的算法一般，可予1/3或1/2的公式來做計算，亦即強勢的回檔整理，所需整理的時間，大約為前段漲升行情所用交易天的1/3左右即可。

依正規循環理論的說法，回檔整理的時間意義與「全波段」完成的情形相同，除了包括下跌所需的時間外，尚包括跌後漲升至超過前波段高點所需的時間。

所謂「循環（Cycle）」是指在一段時間內可以觀察出來的價格型態或某種有規律的價格移動，如圖10-3顯示六週為一個循環，剛開始時，循

環高點在A點較靠左方，其次為B點已在循環中間，接著為C點較靠近循環右方。一般而言，如果第二個循環的高點緊跟在第一個循環的低點，顯示上升趨勢有轉弱現象，此時第二個循環的低點也當較第一個循環低點為低。

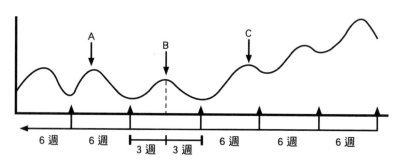

圖10-3　股價週期循環原理
資料來源：作者整理

反之，第二個循環高點較遠離第一個循環的高點時，通常表示較強的上升趨勢，其循環的低點亦會愈墊愈高。另外解釋循環時，首先須了解循環的三個基本特質，即1.幅度（Amplitude），表示在一個循環中高低點的距離。2.期間（Period），表示一個循環所需的時間。3.相位（Phase）即衡量不同循環間谷底的時間差，如圖10-4。

2.基本原則

在股市中，我們可發覺許多的循環，有些較長，有些較短，在技術分析上，我們只著重於找出最主要且可靠的循環，一般而言，有下列基本原則：

(1)循環的時間愈久，其價格變動的幅度愈大。

(2)循環的時間愈久，其低點所代表的意義愈大。

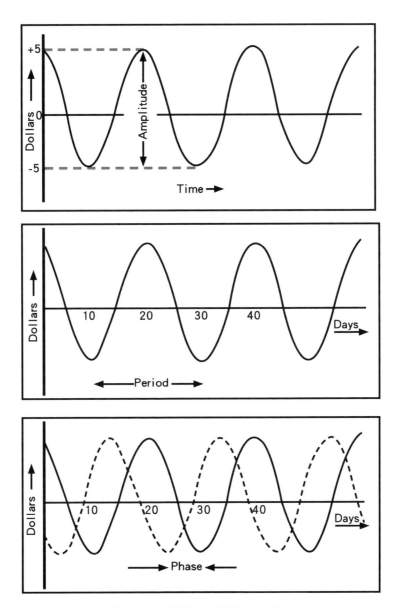

圖10-4　循環的三個基本特質
資料來源：作者整理

(3)在循環中觸及低點的時間愈接近，表示循環的持續性愈大。

(4)在一個上升的**趨勢**中，循環的高點偏向於發生在循環的右方；反之，在一個下跌的**趨勢**中，循環的高點偏向於發生在循環的左方。

(5)當預測循環的高低點與實際相反時，例如原來預測為低點反成高點時，表示為「反轉」現象。

3.循環的確認

對於循環的確認，目前已有許多數學技巧可用以分析如「傅立葉」分析（Fourier Analysis），其設法計算循環的幅度，期間及相位等，惟此較為複雜，一般較常用的確認方法有偏離趨勢法、動量法及簡單觀察法。

(1)偏離**趨勢**法：主要利用移動平均線，惟計算移動平均線時採取中位法（意即將1~13週的平均標示在第7週），利用兩條不同週期的平均線去預測高低點的時間可利用移動平均線的交叉看出循環現象，唯有時間落差。至於期間的選取，可利用不同時間來測試，以找出最佳的循環估計時間。

(2)動量法：可利用變動比率（Rate of change）及動量指標（MTM）的變化來判**斷**，若能配合價格的變動情形來觀察，亦可估計看出循環的時間。

(3)簡單觀察法：可透過價格圖形中二或三個主要低點出現的距離是否相等來判**斷**，如果預測的低點時間不合，可設法解釋，或尋求新的循環期間，因技術分析上，低點出現在循環中的時間愈近時，則愈能支持循環的確認。

4.循環的分類

　　循環隨著時間的不同，亦可分為長期（三年以上），中長期（1~2年）、中期（9~26週）及短期（4週）等循環，有些市場，其交易循環又可分成兩個較短的循環即Alpha和beta循環，如圖10-5。

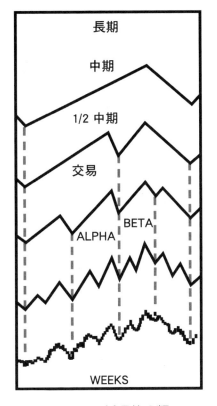

圖10-5　循環的分類
資料來源：作者整理

5. 股價週期循環理論的研判技巧

根據艾略特波浪理論（*Elliot Wave Principle*），股市在多頭時呈五波段上漲，整理時呈三波段下跌，反之，股市在空頭時呈五波段下跌，反彈時，呈三波段上漲，多頭及空頭之主要波段，如圖10-6。

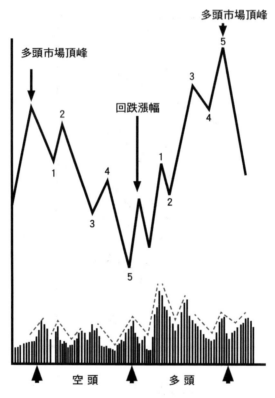

圖10-6　艾略特波浪理論
資料來源：作者整理

首先說明多頭的五波段上漲理論依據如下：

(1) 多頭第一波：通常此時投資意願甚低，一般市場人士對於前景均看淡，做多及短線搶帽子均不易獲利，沒耐心之投資人在連續虧

損之後，紛紛認賠殺出，而真正有實力之大戶則默默承接，此時期整理愈久，換手愈徹底，惟由於市場浮額多已大為減少，在此買進的人，因買進成本低，再跌有限，故不輕易賣出，而高價套牢者亦因虧損已多亦不再殺價求售，股價趨堅，此時期為一般所謂的初升段。

(2) 多頭第二波：為市場回檔期，由於有不少股票已續有漲升，經長期空頭市場而頗有虧損者，多半落袋為安，獲利了結，且主力大戶為擺脫坐轎浮額，亦採轉帳沖銷①或壓盤進貨法②等技巧，達到壓低進貨價的目的，但股價下跌至某一程度，即讓人有跌不下去的感覺。

(3) 多頭第三波：此為中段強勢拉升期，亦為一般所稱的「主升段」，為大戶積極拉抬股價的快速衝升階段，由於市場浮額已少，市場利多消息不斷，在愈搶愈漲的循環下，終至形成全面暴漲；「輪做」之風氣盛行，冷門股亦逐漸轉熱，市場瀰漫一片歡樂氣氛。

(4) 多頭第四波：即為大戶撐價賣出階段，除了運用各種管道，發布利多消息，新聞媒體亦刻意渲染報導。主力作手為吸引散戶介入故高檔時經常出現回檔積極撐價，創造強勁反彈震盪走勢，使短視的投資人誤以為回檔不深，仍將持續漲勢行情，經過幾次回檔拉升的操作後，投資人漸漸不懼怕回檔。

(5) 多頭第五波：為一般所稱之末升段，此時發行公司之盈餘均大增，市場上人氣沸騰，此外新股亦大量發行，而上漲的股票多為以前少有成交之冷門股或投機股，原來熱門之股票反而漲升乏力，成交值當有破紀錄的暴增，暴漲暴跌的現象屢見，融資餘額亦大為增加。投資大眾手中大多擁有股票且量價背離的現象增加，操作此段行情猶如火中取炭，一般投資人亦大多在此時慘遭套牢。

其次就空頭的五波段下跌理論分述如下：

(1)空頭第一波：此時主力作手已出貨甚多，多數股價由於乏人支撐，欲漲乏力，造成弱勢，**趨勢**因而反轉，空頭又開始扣壓行情，成交值逐漸減少，套牢散戶雖心生猶豫，然仍寄望行情僅是回檔整理，冷門股開始大幅下跌。

(2)空頭第二波：此為反彈期，亦為一般術語所稱之逃命波，由於成交值大減，加上部分浮多賠本殺出，使股價跌幅不少，先前高價賣出者及欲圖**攤**平高檔套牢者做追價買進的動作促使股價反彈，多頭們再度進場，加上部分短空補貨，使股價止跌回升。

(3)空頭第三波：由於短線的獲利回吐，加上搶反彈者已具戒心，使得股價欲振無力，聰明的投資者又紛紛趁此機會脫售持股；加上空頭再度介入賣出，使股價加速下跌。此為主跌段，市場上之利空消息頻傳，一片悲觀氣氛，成交量逐漸縮小，套牢者逐漸忍痛賣出退出觀望。

(4)空頭第四波：由於跌幅已深，搶短線之浮多再度介入，空頭亦積極回補，使行情再度**翻**升，惟**觀**望者多，短線多頭及空頭均伺機賣出，使行情在缺乏有力支撐上，又續回跌。

(5)空頭第五波：此即一般所謂的末跌段，在高價套牢要賣的均已賣光，未賣的不忍認賠，而寧可抱股，此時成交值大量減少，投資大眾手中已無多少股票，長期投資者及大戶們開始進場逢低買進，股價雖會小漲，但不久即回跌還原，行情**趨**於橫向整理。

以上雖均屬理論，然投資者若能將行情依據上述之波段理論予以劃分，並確立做多、做空、長線、短線等策略，進而選擇個股，依其景氣時機，審慎操作，相信買賣進出應可較有自信，面對行情變化時，也較不致於驚慌失措。

6. 結論

在自然界中，我們可以觀察出許多循環的例子，如四季、日出、日落及潮汐的時間，由於許多現象的不斷重複，使我們能歸納出原則，技術分析論者亦認為股價可透過歸納統計方式來研究，惟影響股價的因素甚多，不可拘泥於歷史的數據，此循環分析僅能當作參考。

Chapter 11

|衡量趨勢的統計方法：技術指標|

相對強弱指標（RSI）、隨機指標（KD）、趨勢指標（DMI）、平滑移動平均線（MACD）、三減六日乖離（3-6Y）、布林通道指標（BBands）

（一）相對強弱指標（RSI）

1.RSI的原理

相對強弱指標（Relative Strength Index，RSI），為1978年美國作者華德（J. Welles Willder JR.,）在著作《技術交易系統中的新觀念》（*New Concepts in Technical Trading Systems*）中所提出交易方法之一。

RSI的基本意義為，在一個正常股市中，多空買賣雙方的力道，必須取得均衡，股價才能穩定。RSI的計算方式，是在某一段時間內，買方的力量占市場內上漲與下跌力量總和的百分比分量，然後計算買方與賣方兩者之間相互力道消長，來做為強弱指標波動的來源。一般採用6日RSI，其計算公式如下：

$$RSI = 100 - \frac{100}{1 + RS}$$

$$RS = \frac{N\,日收盤漲數和之平均數}{N\,日收盤跌數和之平均數} = \frac{UA(\text{漲數平均})}{DA(\text{跌數平均})}$$

收盤漲跌數之和，就是將 N 日內每一天從開盤到收盤的漲幅和跌幅相加。

2.RSI的買賣研判技巧

(1)以交叉點來研判買賣技巧：

　A. 當6日 RSI 由下往上突破 12日 RSI 時，為買進訊號。

　B. 當6日 RSI 由上往下跌破 12日 RSI 時，為賣出訊號。

(2)超買與超賣的研判：

　A. 當6日 RSI 高過80時為超買，低於20時為超賣。

　B. 當12日 RSI 高過70時為超買，低於30時為超賣。

(3)弱勢市場與強勢市場的研判：

　A. 弱勢市場： RSI 在50以下。

　B. 強勢市場： RSI 在50以上。

(4)RSI 與股價走勢背離的研判：

　A. 當股價創新高，而 RSI 線未創新高時，即為高檔背離（熊市背離），為賣出訊號。

　B. 當股價創新低，而 RSI 線未創新低時，即為低檔背離（牛市背離），為買進訊號。

3. 六合神功在RSI的操作秘笈

(1) 趨勢

在RSI指標中，RSI具有「趨勢性」，因此，可將高點與高點連接，形成一條下降趨勢線，當RSI突破趨勢線時，投資者即可買進股票。同理，將低點與低點連接，形成一條上升趨勢線，當RSI跌破趨勢線時，投資者應出脫持股，等到有買進訊號出現時，再進場做多。

(2) 型態

在RSI指標中，RSI具有「型態」，並且比K線圖上的型態更為清晰，如頭肩底、雙重頂、三角形、楔形……等型態。投資者可在RSI的圖型上，畫上和K線圖一樣的頸線、支撐線及壓力線，一旦突破（跌破）頸線或者突破壓力線、跌破支撐線，便可毫不猶豫的買進（出脫）股票。

(3) 背離

A. 在K線圖上，當股價頭部的形成是一頭比一頭高，而RSI卻反而出現一頭比一頭低時，即為所謂的「熊市背離」。此種熊市背離，顯示了股價虛漲的現象，暗示著大反轉下跌即將來臨，投資者應密切注意，股價隨時會有反轉向下的可能。

B. 在K線圖上，當股價底部的形成是一底比一底低，而RSI卻反而出現一底比一底高時，即為所謂的「牛市背離」。此種牛市背離，顯示了股價虛跌的現象，暗示著大反轉上漲即將來臨，投資者應密切注意，股價隨時有反轉向上的可能。

(4) 鈍化

RSI是震盪技術指標，因此在高檔區或低檔區會產生鈍化，震盪指標在區間0~100，靠近100或0的時候，會產生鈍化現象。所謂的鈍化是指

標對價格的上漲無法用漲幅去表示，譬如一樣的上漲幅度在50附近幅度會較大，在80以上幅度會較小，此為一樣的上漲幅度但指標的增幅沒麼大；同理，指標在下跌到20以下其跌幅也沒有那麼大，所以六合神功秘笈可用來作順勢操作，尋找作多或作空的飆馬股。

(5)乖離

當有兩條不同的RSI時，兩條RSI便會產生乖離。正乖離越大時，股價繼續上漲；負乖離越大時，股價繼續下跌。

(6)位置

    A.股價經一波段下跌後，若股價要進行回升行情，RSI 第一次從低檔上升必須突破80 以上，若無法突破80 以上，股價只是反彈而已。

    B.股價經一波段上漲後，若股價要進行回跌行情，RSI 第一次從高檔下降必須跌到20 以下，若未跌破20 以下，股價只是回檔而已。

(7)交叉

    A.短線RSI突破中線RSI為短線之買進訊號，中線RSI突破長線RSI為中線之買進訊號。

    B.短線RSI跌破中線RSI為短線之賣出訊號，中線RSI跌破長線RSI為中線之賣出訊號。

    C.短線RSI為3日RSI，中線RSI為6日RSI，長線為12日RSI。

(8)虛弱轉折

RSI值在70以上或30以下的迴轉，是市場趨勢反轉的強烈訊號。

(9) 對稱

RSI 在高檔區形成何種型態（M 頭、頭肩頂），則 RSI 在低檔區必須對應高檔區做出何種型態（W 底、頭肩底），待型態完成後，才有回升的能力。

(10) 領先預測功能

A. RSI 能比 K 線圖提早出現頭部或底部的徵兆，因此 RSI 的路線圖具有提早領先型態（頭部、底部）之徵兆，如 RSI 路線圖形成頭肩頂，而後 K 線圖將會形成頭肩頂；若 RSI 路線圖形成 W 底，而後 K 線圖會形成 W 底，因此 RSI 具有領先指標的功能。

B. RSI 路線圖若創新高，K 線圖會創新高；RSI 路線圖創新低，之後日線圖會創新低。

(11) RSI 的路線圖適用於波浪理論：具有三段五波，可數波段。

(12) RSI 和日 K 線一樣，有其**趨勢**、型態、X 線……等功能。具有支撐與壓力的作用，並且壓力與支撐有互換的功能。

(13) 極短線操作者可運用 3 日 RSI 與 10 日 RSI 的關係操作。

(14) RSI 有三次法則，也就是 RSI 在高檔區形成三個頭時，則 RSI 在低檔區至少要打底三次以上才算打底完成，也才有回升的能力。

(15) RSI 具有垂直法則，當 RSI 氣勢形成時，不可看不慣它的漲幅而去融券放空。

圖11-1　RSI的操作實例：瑞基(4171)
資料來源：精誠富貴贏家2000

用瑞基(4171)的日K線圖以RSI來敘述六合神功選飆馬股的秘笈：

(1)用6日RSI高檔鈍化尋求飆馬股，2010年4月8日RSI 85.66已進入超買區，一般的投資者已將持股賣出，我運用RSI高檔鈍化在4月9，10，13日，百元上下時大量買進。此股目標看400元。

(2)RSI第一次突破80後回檔不破75持續在高檔鈍化，此為飆馬股必須緊抱不放。

(3)若以波段計算，此波RSI沒有正式跌破55之前不要賣出持股；若漲到波段滿足點400元後出現RSI跌破55必須出脫持股，我在6月19日運

用日K線高檔吞噬將持股賣出，6月22日運用RSI高檔鈍化後跌破55出清持股。

（二）隨機指標（KD）

1.KD的原理

隨機指標（Stochastic Line，KD）線為美國作者喬治·雷恩（George Lane）在1957年首先發布原始公式，而後在1986年提出修正公式。是由期貨所演變過來的技術指標。因為期貨波動性大，因此需要較為短期的技術指標來輔助，使投資人可以在短期內即決定勝負，KD就有此功能。KD線是採用較短天期為計算基期，對於股市短期間變化的敏感度甚佳，並且還綜合了動量觀念、強弱指標與移動平均線的優點，因此KD線在股市上被運用的非常廣泛。

由於KD線是屬於短期的技術指標，因此以9天為一週期，計算出最近9天內曾經出現過的最高價、最低價與9天的收盤價，再利用這三個數值來計算第9天的未成熟隨機值（Row Stochastic Value，RSV），來推算K值與D值，計算方法如下：

$$RSV = \frac{第9日收盤價－最近9日內低價}{最近9日內最高價－最近9日內最低價} \times 100$$

計算出未成熟隨機值（RSV）之後，再根據平滑移動平均線的方法，來計算K值與D值。

K值（快速隨機指標線，會隨著股價忽上忽下）＝ 2/3前一日K值＋ 1/3RSV

D值（慢速隨機指標線，方向明確，不會忽上忽下，因此看清楚D值可以研判大盤及個股的多空）＝ 2/3前一日D值＋ 1/3 當日K值

J值＝ 3D－2K

若無前一日的K值與D值，可以分別用50來代入計算。經過長期平滑運算之後，起算基期的不同都將趨於一致，不會有任何差異，K與D值永遠介於0與100之間。

2.KD的買賣研判技巧

(1)以交叉點來研判買賣技巧

　　A.買進：當K值向上突破D值時， KD值同時往上交叉（黃金交叉），即為買進訊號。

　　B.賣出：當K值向下跌破D值時， KD值同時往下交叉（死亡交叉），即為賣出訊號。

(2)超買區與超賣區的研判

　　A.當D值大於80時，市場呈現超買現象。

　　B.當D值小於20時，市場呈現超賣現象。

　　但在尋求強勢股和飆馬股時，是利用技術指標突破瓶頸原理做順勢操作，所以指標在高檔鈍化時，做加碼買進動作，指標在低檔鈍化時作融券放空賣出。

(3)應用KD指標研判股價轉折

　　KD值會鈍化，通常KD值在高檔80以上，低檔20以下，會形成鈍化，為KD之盲點所在，通常股價在主升段， KD值會產生高檔鈍化，因此我們利用KD會有鈍化現象來尋找飆馬股。

(4)KD值與股價走勢背離的研判

　　A.當股價創新高，而KD值未創新高時，即為高檔背離，表示股價即將轉折，為賣出訊號。

B.當股價創新低，而KD值未創新低時，即為低檔背離，表示股價即將反轉向上，為買進訊號。

(5)運用KD值的交叉現象尋找股價的支撐與壓力

　　A.K值與D值死亡交叉，當天的股價最高點為壓力。

　　B.K值與D值黃金交叉，當天的股價最低點為支撐。

(6)運用KD值交叉現象，防止股價騙線

　　A.當D值高角度上漲時，K值反轉向下跌破D值，D值往上，K值往下，非死亡交叉，為上攻洗盤格局，為主力甩轎技倆，小心被騙下車。

　　B.當D值高角度下跌時，K值反轉向上突破D值，D值往下，K值往上，非黃金交叉，為下設套牢格局，投資者不宜急著搶進，被騙上車套牢。

(7)KD值二次交叉現象之運用

　　A.高檔時，K值兩次交叉D值而下，股價可能大跌。

　　B.低檔時，K值兩次交叉D值向上，股價即將大漲。

(8)KD值中J之運用

　　A.當指標在超賣區附近，K值由下向上突破D值或J≦0，為一般買進指標。

　　B.當指標在超買區附近，K值由上向下跌破D值或J≧100，為一般賣出指標。

　　C.低檔時，K值向上穿過D值，J≦0，此時為買點。

高檔時，K值向下跌破穿過D值，KD值在一起時，亦可突破僵局，J≦0作買，J≧100作賣。

  D.週線J＜0或日線J＜0，抱緊股票不要出脫有好行情。

    週線J＜0或日線J＞100，股價大漲小回，逢低再買。

    週線J＞100或日線J＞100，股價宜防反轉，逢高應出脫。

    週線J＞100或日線J＜0，跌後反彈，逢高出脫。

3. 六合神功在KD的操作秘笈

(1) 使用RSV來尋找飆馬股

在KD線中，有幾個你不可不知的數值，分別為K值、D值、J值與RSV，既然有這些數值，就表示各有各的用處，我的秘笈之一就是使用RSV來尋找飆馬股，使用KD值的參數9。

從RSV的公式來看，若我們不管最低價時，公式就等於第九天收盤價除以九天最高價再乘以100，因此當收盤價越高，RSV的值就會越高，依股價強者恆強的原理，表示此股非常的強勢，因此運用秘笈如下：

當RSV從低檔轉折往上，不斷攀升，第一次RSV來到100時，表示此股具有飆馬的氣勢，當拉回不破支撐時，即可大膽買進。

(2) 運用均線反曲點及KD值來尋找飆馬股

反曲點可分為兩種型態：一飛沖天型與波段上攻型，說明如下

A. 第一種型態：一飛沖天型

首先利用均線來找出反曲點，均線參數使用13日（21日、34日）移動平均線，均線應先遞減率增加然後遞增率增加，彎曲交接處就叫「反曲點」，同時也是K線第二支腳最低點的地方，然後再搭配KD值，設定KD參數（9日），確定KD值在反曲點的當天，K值與D值都要同時往下，並

且K值與D值當天的負乖離(K與D值的差數)為最大，若同時具備了以上的條件，就可確定此點為反曲點且為一飛沖天的型態，投資者若能好好把握買進的時機，股價在經過參數的一半日期（反曲點之後4.5天），將扣底低檔，而後若形成黃金交叉的情形，飆馬股將進行另一波的漲升行情。

以上情況是因為，股價經過一波大漲後，在高檔作型態的騙線，使投資者紛紛下車，此為主力甩轎的技倆，該型態的騙線，實際上是股價上漲波中繼站的整理，不是頭肩頂型態，投資者再運用破線量縮進場買進，將可大賺一筆。

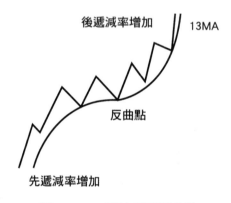

圖11-2　一飛沖天型反曲點
資料來源：作者整理

南帝8月初至11月中為一飛沖天的型態，使用13日均線參數可發現在8月4日至9月22日，13日均線遞增率增加，然後均線在9月23日至9月29日遞減並在9月25日負乖離最大股價最低點，然後在9月30日至11月10日均線再遞增(圖11-3)。

2020年11月5日形成反曲點，得知金麗科為一飛沖天型的飆馬股。

運用MACD尋求最佳買點在2020年11月19日DIF在零軸上交叉MACD，在95元大量買進。實際已經上漲倍數來到185元(圖11-4)。

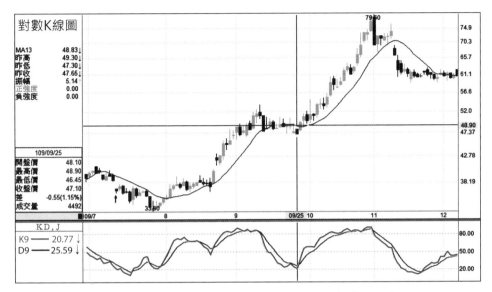

圖11-3　如何利用一飛沖天型反曲點：南帝（2108）
資料來源：精誠富貴贏家2000

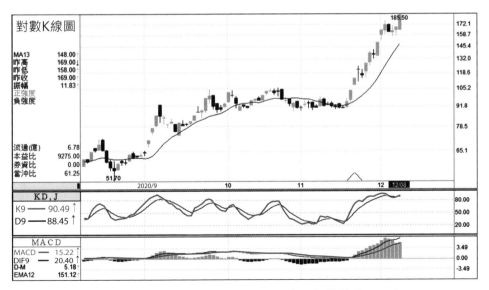

圖11-4　如何利用一飛沖天型反曲點：金麗科（3228）
資料來源：精誠富貴贏家2000

B. 波段上攻型

一樣是先利用13日移動平均線（21日、34日也可以），均線先遞增率增加然後是遞減率增加，為波段上攻的型態，此種型態的漲勢很兇猛，因高角度上漲，它必須還要盤頭，只要13日（21日、34日）均線持續往上都不用急著賣出手中持股，但是只要8日均線一跌破13日（或是13日跌破21日），均線形成死亡交叉，就要馬上出清手中持股。

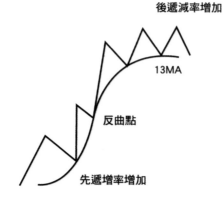

圖11-5　波段上攻型反曲點
資料來源：作者整理

2020年3月初到7月中合一股價由19.4元上漲至476.5元，此為波段上攻型，我利用KD值高檔鈍化在4月23日到5月4日買進此檔飆馬股，漲幅共24.5倍的波段上攻型(圖11-6)。

由以上兩個型態，投資者可得知，KD值需配合均線的型態操作，避免KD值在高檔鈍化，被甩轎下車，遺憾終身。

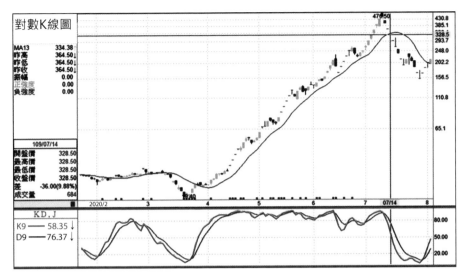

圖11-6　波段上攻型反曲點實例：合一(4743)
資料來源：精誠富貴贏家2000

(3) 背離

　　A.在K線圖上，當股價頭部的形成是一頭比一頭高，而KD卻反
　　　而出現一頭比一頭低時，即為所謂的熊市背離。此種熊市背離，
　　　顯示了股價虛漲的現象，暗示著大反轉下跌即將來臨，投資者
　　　應密切注意，股價隨時有反轉向下的可能。

　　B.在K線圖上，當股價底部的形成是一底比一底低，而KD卻反
　　　而出現一底比一底高時，即為所謂的牛市背離。此種牛市背離，
　　　顯示了股價虛跌的現象，暗示著大反轉上漲即將來臨，投資者
　　　應密切注意，股價隨時有反轉向上的可能。

(4) 乖離

　　在KD指標中，K值減D值大於18以上，正乖離過大，股價有短線回
檔的可能；當D值減K值大於18以上，負乖離過大，股價有短線反彈可
能。

（三）趨勢指標(DMI)

1.DMI的原理

趨勢指標(Directional Movement Index，DMI)，就是我們一般所說的趨勢指標，從字面上來看，既然有「趨勢」兩字，表示我們可以從該指標中，來研判現在股市的趨勢，也就是說，趨勢指標是研判多、空走勢的最好指標。要讓每一位投資者完全了解趨勢指標的觀念及其意義是很難的，因為它的計算非常繁複，不是一言兩語可以帶過的，但是只要學會研判秘笈裡的轉折點及交叉點，我相信趨勢指標絕對可以帶給投資者意想不到的結果。

趨勢指標為韋爾達分析系統的另外一套骨幹，它的基本原理是探求價格在上升或下跌過程中的「均衡點」，亦即供需關係由「緊張」狀況通過價格的變化而達致「和諧」，然後在因價格供需的互為影響下，再導致「緊張」的循環不息過程。

趨勢指標是作為較中期性(三個月)的分析，如果有關訊號一旦出現，便會進一步確認其他早已出現的短期性訊號所顯示的趨勢。

在本書中，我所要教你的，並不是如何把趨勢指標算出來，而是要學會如何使用它，才能了解其中的奧妙所在。

趨勢指標中，有四個不得不知的方向線，分別為＋DI、—DI、ADX及ADXR四個，並且這四個方向線都是在0與100間波動。一般來說，我建議使用14日的參數來研判最為準確，因此，以下所介紹的趨勢指標全都是14日的參數：

(1)＋DI所表示的意思是：真正之價格在14天「往上」移動了多少百分比。

(2)─DI所表示的意思是：真正之價格在14天「往下」移動了多少百分比。

(3)ADX：平均14天的真正價格範圍，也就是方向線的平均指數，並作為主要的輔助工具。

(4)ADXR：是趨向移動的評等，評估ADX的數值，它是將當天的ADX與14天前的ADX相加除以2得出來的。

其四個方向線的計算公式如下：

數據：H：當日最高價

L：當日最低價

PH：前日最高價

PL：前日最低價

PC：前日收盤價

＋DM（正趨向變動值）＝H─PH（只取正值，若為負值則設為0）

─DM（負趨向變動值）＝L─PL（只取正值，若為負值則設為0）

同日兩數值相比，較小者設定為0，兩數相同，則皆設為0

TR（真正波幅）＝H、L、PC三者最高價減下最低價

$$+ DI = \frac{+ DM}{TR} \times 100$$

$$-DI = \frac{-DM}{TR} \times 100$$

ADXR ＝ (ADX ＋ 14日前 ADX)/2

ADX ＝ (|(＋DI)─(─DI)|)/((＋DI)＋(─DI))

2.DMI的買賣研判技巧

(1)若＋DI及―DI兩個交叉後，且＋DI在上，―DI在下，顯示市場內部有新的多頭進場，願意以較高的價格買進，所以**趨勢轉多**；若＋DI及―DI 兩個交叉後，且―DI在上，＋DI在下，顯示市場內部有新的空頭進場，以較低的價格賣出，所以**趨勢轉空**。

(2)若―DI在上，＋DI在下，當ADX線攀升高於 ―DI且反轉向下方時，則表示**趨勢**即將反轉，底部已距離不遠了；反之，若＋DI在上，―DI在下，當ADX線攀升高於＋DI且反轉向下時，則表示**趨勢**即將反轉，頭部已距離不遠了。

(3)當ADXR小於20時，這表示市場將可能有所轉折，而當ADXR大於或高於25時，則均衡點會拉開。

(4)ADXR是ADX的評估數據，其波動的方法是以「比例數」的形式波動，但較ADX的移動平緩，其作用在於提醒投資人採取最後的及時行動。若ADX亦隨之與ADXR相交叉，就表示這是最後一個買進或賣出的訊號，隨後而來的漲勢或跌勢將會較大，因此，若不及時採取行動，投資人便會懊悔不及。

(5)不論是＋DI在上，―DI在下或者―DI在上，＋DI在下，只要ADX線往下，就告訴我們，此為盤整盤，投資者應採取高出低進的逆勢操作原則。

(6)ADX線的上升角度越陡時，股價上漲或下跌的力道就會越強。

(7)ADX向上，顯示先前出現的趨勢動力已經頗強，短期漲勢已急。

3.六合神功在DMI的操作秘笈

(1)若＋DI在上，―DI在下，當ADX線攀升高於―DI且ADX大於20

時，六合神功的祕笈告訴我們，該趨勢已由空轉多，投資者應順勢操作全力作多，買進股票。

(2)若－DI在上，＋DI在下，當ADX線攀升高於＋DI且ADX大於20時，六合神功的祕笈告訴我們，該趨勢已由多轉空，投資者可在此順勢操作融券放空。

(3)若＋DI在上，－DI在下，當ADX曲線在－DI下方往上突破ADXR曲線時，六合神功的祕笈告訴我們，這是作多的最後買點，投資者可在此逢低建立基本持股。

(4)若－DI在上，＋DI在下，當ADX曲線在＋DI下方往上突破ADXR曲線時，六合神功的祕笈告訴我們，這是做空的最後空點，投資者可在此建立空方基本部位。

(5)ADX曲線上之各點的幅距是以其橫座標間的垂直距離來衡量。此外，ADX之曲線的峰頂與谷底均是在表明方向的改變，亦言之，若大趨勢是往下的，則峰頂將會是最高價；反之，若大趨勢是往上的，則谷底則將會是最低價。

(6)ADX曲線幅距越高（或越大），則該方向（不管是往上還是往下）的趨向移動就愈高，且大趨勢的走向就愈明顯，此外峰頂與谷底間的距離越大，則趨勢的反轉力量就越大，而若趨勢的反轉大且持久，則掌握順勢操作的秘訣將會大有斬獲，亦即不管是由多頭反轉為空頭或由空頭反轉為多頭，只要反轉的力量大且持久，則順勢秘訣將能使投資人獲利良多。

多頭市場：DMI的ADX由上漲反轉下跌表示股價漲勢將結束；

空頭市場：DMI的ADX由上漲反轉下跌表示股價跌勢將結束。

(7)當ADX大於70以上，上升趨勢(或下跌趨勢)股價將容易反轉。

4.DMI的優缺點

(1)優點

　　A. ＋DI線與—DI線的交叉訊號容易理解且清晰，使用客觀數據化
　　　的數字即能買進或賣出。

　　B.DMI可看出多空買賣雙方力道的強弱，可判斷行情處於多頭、
　　　空頭還是盤整的階段，因DMI是用來研判股價的趨勢，所以較
　　　適合中長期投資者，來做買賣的研判。

(2)缺點

　　股市陷入盤整行情時，DMI即失去其研判作用，這是任何技術指標
所無法克服的盲點，所以DMI未必能適用於牛皮走勢的股票。

5.DMI的操作實例

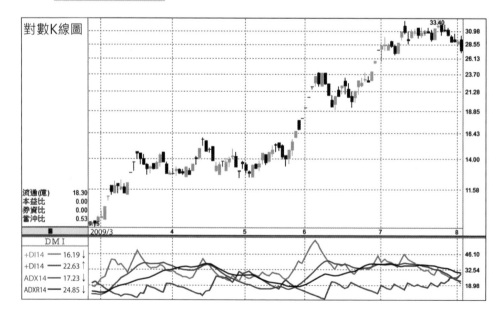

圖11-7　DMI的操作實例：越峰(8121)
資料來源：精誠富貴贏家2000

　　在2009年3月4日與5月26日出現了黃金交叉的買進訊號，我在5月中附近以16元的價格買進，直到2011年3月中的時候以160元附近出脫持股，共賺取了10倍的漲幅。

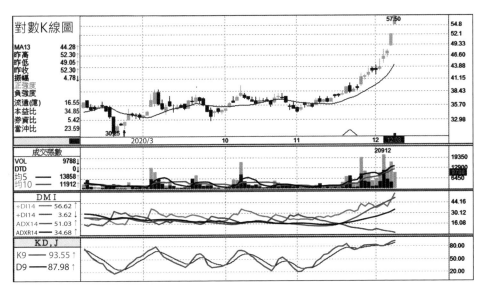

圖11-8　DMI的操作實例：天鈺(4961)
資料來源：精誠富貴贏家2000

　　我投資天鈺是用六合神功的成交量、DMI、KD及跳空原理總合選取飆馬股的技巧。

(1)2020年6月24日30元附近，日K線形成突破跳空缺口，成交量大幅增加及DMI的六合神功秘笈是最後買點，當天大幅買進。

(2)2020年11月18日加碼買進是應用DMI最佳買點。

(3)應用KD高檔鈍化投資飆馬股天鈺，2020年11月18日K值已來80

以上鈍化，天鈺開始大漲，最終軋空，可飆漲至308元上下，可獲利10倍以上。

(四)平滑移動平均線(MACD)

1.MACD的原理

指數平滑移動平均線(Moving Average Convergenceand Divergence，MACD)，是根據移動平均線的優點發展出來的技術分析工具，利用兩條不同速度（長期與中期）的平滑移動平均線(EMA) 來計算兩者之間的差離狀況，用以研判行情買賣的時機。

運用移動平均線作為買賣時機的判斷，最不適於碰上牛皮盤檔的行情時。此時所有的買賣幾乎一無是處，績效利益奇差無比。但是趨勢明顯時，又能獲致最大利潤績效。根據移動平均線原理發展出來的MACD，一則可去除掉移動平均線頻頻的假訊號缺陷，二則能確保移動平均線最大戰果的功能。

以移動平均線的特性而言，在一段真正持續的漲勢中，該商品價格的快速（短期）移動平均線與慢速（長期）動平均線間的距離必將愈拉愈遠。（即兩者之間的乖離愈來愈大）。漲勢若是趨於緩慢，則兩者之間的距離也必然縮小，甚至互相交叉。同樣的，在持續跌勢中，快速線在慢速移動平均線之下，互相之間的距離也愈拉愈遠。

MACD一般而言是用12日與26日平滑移動平均線，兩條不同移動平均值的差稱為差離值(DIF)，然後以DIF平均後得出MACD值，形成兩條線，以其相交作為買賣訊號。其計算方式如下：

以9日為週期

$$今日 EMA_{12} = \frac{EMA_{12}(昨日) \times 11 + 收盤價(今日) \times 2}{13}$$

$$今日 EMA_{26} = \frac{EMA_{26}(昨日) \times 25 + 收盤價(今日) \times 2}{27}$$

$$DIF\ 差離值 = EMA_{12} - EMA_{26}$$

假設採用9天平均值

$$第一個 MACD = \frac{DIF_1 + DIF_2 + \cdots + DIF_9}{9}$$

其他MACD計算：

$$今日 MACD_9 = \frac{MACD(昨日) \times 8 + DIF(今日) \times 2}{10}$$

差離柱線(BAR) = DIF－MACD

2.MACD的買賣研判技巧

(1) 從交叉研判買賣

　　A.DIF由下往上突破MACD且D-M由負轉正，為買進的信號。

　　B.DIF由上往下跌破MACD且D-M由正轉負，為賣出的信號。

(2)MACD與股價走勢背離的研判：

　　A.當股價一波比一波高，但MACD卻一波峰比一波峰低，發生負背離現象，顯示股價將要反轉，為賣出時機。

　　B.當股價一波比一波低，但MACD卻一波谷比一波谷高，發生正背離現象，顯示股價將要反轉，為買進時機。

(3)大漲與大跌的研判：

　　A.大跌：高檔二次向下交叉。

　　B.大漲：低檔二次向上交叉。

(4)從位置研判買賣：

　　A.DIF與MACD兩者都位於零軸線之上，市場趨向為牛市；反之，兩者都位於零軸線之下，則市場趨向為熊市。

　　B.DIF向上突破MACD為買進訊號。若是在零軸線上交叉往上，

為多頭行情；若是在零軸下交叉往上，為反彈行情。

C.DIF 向下跌破 MACD 為賣出訊號。若是在零軸線下交叉往下，為空頭行情；若是在零軸上交叉向下，為回檔行情。

3.六合神功在 MACD 的操作秘笈

(1)DIF 與 MACD 都在零軸上時，DIF 往上突破 MACD（黃金交叉），為多頭買進訊號，投資者可進場作多。

(2)DIF 與 MACD 在零軸上時，DIF 往下跌破 MACD，為回檔訊號，投資者應短線賣出持股，等到有買進訊號時再作回補。

(3)DIF 與 MACD 都在零軸下時，DIF 往上突破 MACD，為反彈訊號，投資者可進場搶反彈，但動作迅速、手腳要快，或在反彈滿足點，應賣出持股。

(4)DIF 與 MACD 在零軸下時，DIF 往下跌破 MACD（死亡交叉），為空頭賣出訊號，股價即將大跌，投資者可進場作空。

(5)D-M 創上一波 D-M 新高時，暗示其將出現頭部或其為軋空中繼站。因為 D-M 突破上次新高，表示確定突破壓力，因此突破當日的 K 線最低點即變為支撐，若支撐不破，則後勢將繼續軋空上漲；若跌破支撐，後勢轉弱，形成頭部。

(6)D-M 創上一波 D-M 新低時，暗示其將出現底部或其為暴跌中繼站。因為 D-M 跌破上次新低，表示確定跌破支撐，因此跌破當日的 K 線最高點即變為壓力，若壓力不過，則後勢將繼續爆跌；若突破壓力，後勢轉強，形成底部。

(7)D-M (BAR) 在零軸下打第二個底並 BAR 縮腳時，此為第一買點，投資者可在此建立基本持股，等到有明確買進訊號出現後，再加碼買進。

(8)當 D-M (BAR) 在零軸上作第二個頂並 BAR 縮頭時，此為第一賣點，投資者可在此將短線股票賣出，日後若有明確賣出訊號出現時，則應出脫手中持股。

(9)DIF 的秘笈，DIF 有領先的作用，當 DIF 創新高（天價）時，而後股價將是回升行情，趨勢將由下跌反轉為上漲；若 DIF 沒有創新高，只是反彈行情。

(10)當 DIF 創新低時，而後股價將是回跌行情，趨勢將由上漲反轉為下跌；若 DIF 沒有創新低，只是回檔行情。

(11)DIF 有背離現象。

(12)DIF 適用於趨勢。

4.MACD 的優缺點

(1) 優點

    A. 確認大盤漲跌趨勢

        先得知 DIF 線波段的高低點後，再以 DIF 線與 MACD 線交叉點，確認大盤指數波段的高低點，屬於漲勢或跌勢之形成，就能充分掌握一段多頭或空頭行情，不致有所失誤，故 MACD 在測試股市主要趨勢走向時為一個相當良好之分析工具。照圖例所示，指標在高點向下交叉，即代表將有一段跌勢要形成。

    B. 提高移動平均線應用功能

        MACD 可以研判移動平均線頻頻出現假突破的買賣點，減少被騙的機率及無益的交易次數而提高獲利能力。

    C. 加重近期資料重要性

MACD的原理與一般移動平均線的差異，主要在於MACD所應用的指數平滑移動平均線(EMA)，有加權最近一日的大盤指數收盤價所占比例，使其權值最大，而一般移動平均線沒有加權。

(2)缺點

A. 稍微落後指標

　　MACD 中的DIF線與D-M (BAR) 交叉點，比大盤指數波段高低點，落後時間平均有6天，所以MACD是稍微落後指標。但以國內股市一個循環週期，上漲時間平均28.3個月，下跌時間平均16.4個月，計44.7個月時間而言，稍微落後現象對MACD用以在確認中長期波段漲勢或跌勢之功能影響不大。但在股市循環週期中， MACD所產生延遲現象，會造成多頭或空頭陷阱，則對短線進出投資者的影響甚大，故MACD不宜作為短期投資之研判工具。

B. 盤整行情會產生無利的交易買賣點

　　在盤整行情中，股市小幅震盪起伏使DIF（差離值）縮小，需維持在零軸的上下徘徊，使MACD所顯現買賣的獲利率或損失率皆很少，但因進出頻繁使交易成本率相對提高，而產生一些無利的交易買賣。

C. 無法預知大盤買賣高低價

　　MACD只能用以確認大盤指數波段漲勢或跌勢之形成，但無法指出何處高價或低價進場買賣，可以配合其他技術指標如：

　a. 用3-6Y來搭配指出確實買賣點。

b.配合波浪理論可以得知高低點。

5.MACD的操作實例

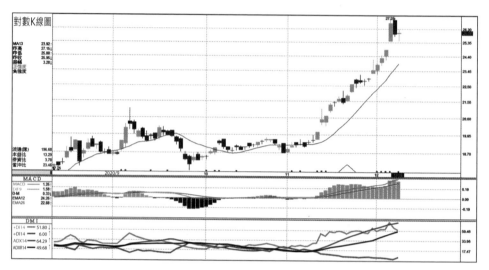

圖11-9　MACD的操作實例：佳世達(2352)
資料來源：精誠富貴贏家2000

我應用MACD及DMI的秘笈選出的飆馬股：

(1)運用MACD指標的DMI及MACD在零軸上黃金交叉。

(2)運用DMI指標的ADX上漲同時突破—DI及ADXR的最佳買點。

運應用以上兩個秘笈在19.5元買進，待爾後上漲飆升才賣出。

（五）三減六日乖離(3-6Y)

在股票市場中，對每位投資者而言，都希望從眾多技術指標中，試圖找尋出對行情變化最能掌握的分析工具，用歷史資料來測試，如RSI、KD、MACD……等指標的買賣訊號，往往給操作者莫大的憧憬，然而實際操作時，卻不免有些失望；若有一項技術指標能反應未來變化狀況，可

給予投資者多一份應變能力，來擬定操作策略，那麼投資者就多一份獲利的機會存在。針對一般指標的落後性進行改良，以試圖發現新指標來增加對未來狀況的研判，三減六日乖離(3-6Y)正是針對未來狀況變化所研究的未來指標，提供預先的買賣環境研判。

1. 3-6Y的原理

三減六日乖離並非乖離率值，就分析大盤而言，三減六日乖離的計算法其實是三日平均值減去六日平均值即得，所以倒不如稱為三減六日均值，還來得自然。

每位投資者都知道，短線的買賣雙方相互爭鬥的力量，究竟孰強孰弱，可由雙方獲利或損失的相對態勢窺知。假如短期投資（三天）與長期投資（對專跑短線者而言，六天是長期）的投資人原本都處於獲利的狀態，而股價持續上漲，則長期投資將較短期投資獲利更多，如果此一獲利的差距持續增加，則行情將持續看好。

然而即使股價持續上漲，但獲利的差額開始減少，則短期與長期投資人之間對後市的看法將產生很微妙的變化。短線者依然追漲，長線者開始逐步出脫持股，此時高點將現。反之，股價持續下跌階段，長期投資較短期投資虧損更大，如果此一虧損的差距持續擴大，則行情將持續走低。如果行情持續走低，但是虧損的差距開始縮小，則短期與長期投資人對後市的看法又將產生微妙的變化，短線者持續殺低，長期者不再殺出，反而開始逢低承接，此時低點將現。

3-6Y計算公式如下：

(1) 今日不計（前三天相加）–（後兩天相加）＝今天零基準指數

（盤中指數–零基準指數）÷ 6 ＝ 盤中的3–6日乖離

(2)A.指數：3日平均指數–6日平均指數

B.3 日平均指數－6日平均指數）/ 6日平均指數×100＝3減6日乖離率

2. 3-6Y的買賣研判技巧

(1)本法之缺點是有時與股價同步乖離（指標是負的，股價也是跌的；指標是正的，股價也是漲的，呈正相關）

大負買進	大正賣出
指數：弱勢 –10以上	指數：強勢＋10以上
整理 0至–2	整理＋4至＋6
個股：弱勢 0至–2	個股：強勢＋4至＋6
整理–2至–4	整理 ＋2至＋4

(2)3-6Y線路圖，轉折後第四天可能形成最高（低）價，尤其急漲（跌）的頭（底）部。

(3)（超買或超賣），缺點是可能與股價同步。

(4)在3-6Y的線形圖中，若連續出現三個高峰時，此時投資者不可追高，如股價有跌破上升趨勢線時，表示股價將回檔整理，應逢高拔檔。

(5)在3-6Y的線形圖中，若連續兩個谷底出現後，股價突破下降趨勢線，可逢低買進，有買進訊號出現時，則應持續加碼。進一步來說，若3-6Y連續出現三個谷底時，該指標就告訴我們，此行情不是回檔，而是回跌，投資者應在打底完成後，才可逢低介入。

(6)真突破

A.成交量而比前一檔最高成交量還增加。

B.需比前一檔最高價突破達3％以上。

(7) 假突破

    A. 成交量不比前一檔最高量高。

    B. 無法達到前一檔高點3％以上。

    C. 已經是在這段上漲中的末升段。

(8) 買賣時點

    A. 買進時點：當天收完盤後，所計算出來的收盤價三減六日乖離，若由下往上轉折時，那麼此時該指標就告訴我們，在轉折往上的第四天（從最低點開始之往上第四天），若有低點時，應逢低買進股票。買進之後就持續抱牢，在賣出訊號未出現之前，決不賣出。

    B. 賣出時點：當天收完盤後，所計算出來的收盤價三減六日乖離，若由上往下轉折時，那麼此時該指標就告訴我們，在轉折往下的第四天（從最高點開始之向下第四天），若有高點時，應逢高拔檔。賣出後就持續空手，在下一個買進訊號出現之前，絕不買進。

    C. 用3-6Y扣抵操作祕笈

        3MA、6MA以及3-6Y三者一致時，往上買進，往下賣出。3MA、6MA非一致向上時，股價站穩在向下者之上，才可以做買進。

        a. 3MA向上6MA向上，3-6Y往上→買。

        b. 3MA向下6MA向下，3-6Y往下→賣。

        c. 3MA向上6MA向下，3-6Y往上→等待爾後股價站上6MA以上才買，不然就等待。

d.3MA向下6MA向上，3-6Y往上→靜待盤中站上3MA，再作買進。

e.3MA向上6MA向下，3-6Y往下→靜待股價盤中跌破3MA再作賣出。

f.3MA向下6MA向上，3-6Y往下→靜待爾後股價跌破6MA以下，才作賣出。

D.3-6Y應用於轉折時，需數波數。

a.股價從高點下殺，3-6Y每通過中心軸一次需算一波，下殺第五波股價會有暴跌產生，應出清持股。

b.股價由低檔上漲時，3-6Y每通過中心軸一次需算一波，上漲第五波股價會有漲升行情，投資者盡快買進。

3.3-6Y的操作實例

圖：11-10　三減六日乖離操作實例：合一(4743)
資料來源：精誠富貴贏家2000

此股票運用六合神功：

(1)3-6日乖離，2020年在9月21日高檔反轉向下的第4個交易天9月24日逢高賣出，此為短線拔檔技巧作差價。

(2)頭部型態完成，中長線看壞，必須打底完成再考慮投資。

由以上買賣時點可得知最低、最高點的時間，另外我們也可增加預測的空間，以三減六日乖離率的變化，反推轉為價位，在此稱為零基準指數的算法。

◎零基準指數的算法

3MA（3日移動平均線）－（A4＋A5＋A6)/3

6MA（6日移動平均線）＝（Al＋A2＋A3＋A4＋A5＋A6)/6

假設a： A6天之3MA-6MA＝Y(A6)

即(A4＋A5＋A6)/3-(Al＋A2＋A3＋A4＋A5＋A6)/6＝Y(A6)代表a

假設b： A7天之3MA-6MA＝Y(A7)

即(A5＋A6＋A7)/3-(A2＋A3＋A4＋A5＋A6＋A7)/6＝Y(A7)代表b

把a跟b相減〔(A5＋A6＋A7)/3-(A2＋A3＋A4＋A5＋A6＋A7)/6〕-〔（A4＋A5＋A6)/3-(Al＋A2＋A3＋A4＋A5＋A6)/6]＝0

相減後便可得到：A7＝2A4-Al（也就是可預先計算明日A7之零基準指數）

因此，假設明日的收盤價大於A7時，則第7天的3-6Y就會上持，明

日收盤價必須大於2A4-A1才能促使第7天的3-6Y大於第6天的3-6Y。同理就可以預先計算出第A8天及第A9天的零基準指數為：

A8 > 2A5-A2

A9 > 2A6-A3

由上可知，在今日A6日收盤後，便可得知A7、A8、A9未來三天的零基準指數，以此來觀察A7、A8、A9三天的指數是否站穩在各天零基準指數之上。若能站上各天的零基準指數，則可讓3-6Y持續往上攀升。否則，若某天跌破零基準指數，將使3-6Y往下轉折，宣告行情即將出現拉回走勢。

3-6Y的運用，乃是要投資人掌握有力上漲的時間內，擇強介入，使獲利增加，亦即觀察行情有無可能轉折，來決定哪一天買進與賣出。在此要特別強調，3-6Y操作之使用，是強調於可掌握的操作時間，而不是指數的區間。

(六)布林通道指標（BBands）

1.布林通道的原理

布林通道(Bollinger Bands; BBands)也稱為「包寧傑帶狀」、「保力家通道」或者是包利家「通道」，是由一位美國證券分析專家約翰包寧傑(John Bollinger)在1980年代發明的技術分析工具，這是搭配移動平均和標準差的概念，以統計學的常態分配去計算出近期股價的漲跌幅度，藉此判斷買賣訊號以及進退場時機的一種技術分析方式。

在股票市場裡面，股價波動通常會圍繞著均線或者是成本線，在一定的範圍內變動，布林通道就是以這個概念為基礎，去計算出股價波動的範圍。

再進一步了解布林通道之前，此處先簡單的看一下，布林通道會使用到的「移動平均標準差」和「常態分配」，這幾個名詞代表什麼意思。「移動平均」指的是移動平均線，也就是均線。在布林通道中，中軸常常會以21日移動平均線為主，不過也有人會搭配不同計算週期的均線來進行分析。例如週布林指標、月布林指標、年布林指標以及分鐘布林指標等等各種類型，在設定好均線週期之後，接下來就要利用到標準差去抓出上下範圍了。「標準差」又稱 標準偏差、均方差，是機率統計中測量一組數值從平均值分散開來的程度的一種方式。舉例來說，以下的兩組數字，0、5、9、14和5、6、8、9，這兩組數字的平均值都是7，但是前者的數字離散程度比較高，標準差較大，後面一組則是有比較小的標準差，標準差用在投資上面可以作為量度回報穩定性的指標，當標準差的數值越大，代表回報遠離過去的平均素質，這時候回報會比較不穩定，所以風險越高。相反的，標準差的數值越小，代表回報較為穩定，風險也比較小。「常態分配」又稱高斯分布，是西元十八世紀一位德國數學家高斯（總語：Johann Garl Friendrich GouB）提出來的概念。他認為在大量統計某一個事情之後，就會發現分配的方式有一定的準則可以依循，因此他把這個理論發展成常態分配，利用其擴散及收斂的特性來得知進場時機與退場時機。現在，回過頭來繼續看看布林通道。

中軸：21天的移動平均線

上軸：中軸＋2.1個標準差

下軸：中軸 -2.1個標準差

一般常態分布：股價有96%在上軌與下軌之間。

上軌到下軌稱為「帶寬」，兩軌道的距離擠壓在5%以下為「窄帶寬」，兩軌道的距離擴張到20%稱為「寬帶寬」。沿著上軌是最佳買點，

大膽買進;沿著下軌是最佳賣點,勇敢賣出或融券放空。

布林通道基本的形態是由上軌、中軸和下軌三條軌道線組成的帶狀通道,這三條軌道分別代表了股價的平均成本、股價的壓力線和支撐線。關於這三條的操作公式如下:如果股價的波動是屬於一種常態分配,中軸(也就是前面提到的均線)通常會以21日均線為主。依據常態分配的原理來看,布林通道使用的是正負2.1個標準差,所涵蓋的機率高達96%。也就是說股價的波動範圍有96%的機率會落在正負2.1個標準差之內,依次為準則可以統整出四種現象:

(1) 股價跌破支撐線就是超跌,應該逢低承接,由於布林通道涵蓋的機率高達96%,因此當股價跌破支撐線之後,要繼續下滑的機率比較小,比較大的可能性是回檔修正,所以通常是進場的時機。

(2) 股價突破壓力線算是超漲,可以獲利了結,跟跌破支撐線相反,當股價持續超越壓力線的機率不大,就代表再漲的機會不高,是退場的時機,不過也有另外一種情形是股價隨著壓力線不斷的上升。因此是否要在股價觸碰到壓力線就馬上出場,投資人可以參考其他的技術指標再做考慮,股價由下往上穿越中軸可以考慮加碼。

(3) 當股價從下往上穿越中軸,落在中軸跟上軌的區間時,這可能是進入多頭市場的訊號,後續可能會有一波的漲幅,投資人可以考慮加碼,股價由上往下跌破中軸,可以考慮賣出。

(4) 當股價從上往下跌破中軸,就代表有可能要轉入空頭行情,這時候投資人就可以考慮退場的時機了。

從以上的四種情形可以整理出以下的定義:

(1) 股價接近或突破上軌代表過熱。

(2)股價接近或跌破下軌代表超跌。

(3)股價跌破下軌之後回頭穿越下軌代表反彈。

(4)股價突破中軸後代表翻多。

(5)股價突破上軌後跌破上軌代表拉回。

(6)股價跌破中軸後代表翻空。

透過以上的六種定義，投資人可以很清楚的標示每一檔個股目前的狀態以及對應的操作策略。

除了觀察布林通道的三條線之外，另外也衍生出「布林極限指標」，就是將以上的情形數字化的一種指標，以數字的形式呈現收盤價在布林通道中的位置，作為交易決策的關鍵指標。計算公式是：

收盤價—布林通道下軌值＝布林通道上軌值—布林通道下軌值

＝布林極限指標

由於收盤價會在上下軌道震盪遊走，幅度甚至大過於軌道的範圍，所以布林極限指標值沒有上下限，有可能會大於100，也有可能會小於0，布林極限指標值有幾種標準可以作為判斷。

當數值等於50%的時候，代表股價位於中軸線上，當數值大於50%代表股價在中軸上面，大於100的時候，股價超越布林線的上線，小於50代表股價在中軸之下，小於0的時候則是股價跌破布林線的下線。

所以如果布林極限指標是從50%以下突破自己的5日平均線，這是大盤翻多的訊號，相反的，如果在1%以上則是短線有過熱的現象。

除了布林極限指標，同樣也是從布林通道衍生出來的還有「帶寬指標」，這是用股價波動範圍來判斷趨勢強度跟轉折的一種指標，帶寬指標

的公式是：

$$\frac{布林通道上軌值－布林通道下軌值}{布林通道中軸值} = 帶寬指標值$$

在布林通道裡面，中軸是股價的移動平均值，所以帶寬指標值可以視為是通道上下軌幅度和股價平均成本的比率，例如當帶寬指標值為0.21代表通道上下軌幅度為股價平均成本的21%。帶寬指標值越高，代表幅度相對平均成本的比例越大，值越低代表幅度相對平均成本的比率越小，這時候股價可能會進入整理期間準備迎向下一步的漲跌幅，由於股票市場當中股價在經歷漲跌幅之後會進入整理期間，這個期間的股價通常不會有太大的波動，布林通道也會進入比較水平的走勢。但是投資人還是可以利用通道的形狀來獲得資訊，形狀比較寬廣就代表標準差較大，股價波動也會比較大，形狀狹窄表示標準差較小，股價也會比較穩定，不過每個個股的布林通道都不太一樣，怎麼樣才能算是寬廣或是狹窄呢？帶寬指標值就是用來衡量寬廣或狹窄的方式，投資人可以透過這樣的方式搭配前面所提到布林通道的六個定義，來判斷未來股價的運行方向，依據指標的強弱走勢做出買賣決策。

2.布林通道的買賣研判技巧

(1)當上軌道線、中軸線和下軌道線三條線呈現類似水平的盤整走勢，就是「擠壓」階段，表示盤勢即將變盤脫離盤整區。

(2)當上軌道線向上，且下軌道線往下，形成「開口擴張」型態，表示多頭漲勢或空頭跌勢啟動。

(3)當上軌道線往上，且下軌道線往下，形成「開口擴張」型態，中軸線MA21(月線)微微向上，表示「多頭漲勢」啟動。

(4)當上軌道線往上，且下軌道線往下，形成「開口擴張」型態，中軸線MA21(月線)微微向下，表示「空頭跌勢」啟動。

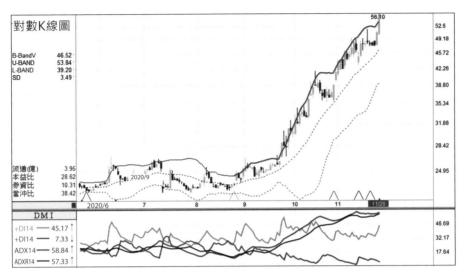

圖11-11　布林通道多頭啟動的型態
資料來源：精誠富貴贏家2000

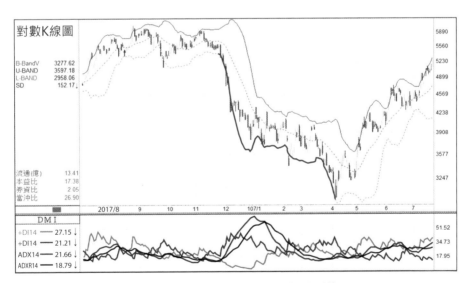

圖11-12　布林通道空頭啟動的型態
資料來源：精誠富貴贏家2000

(5)在多頭市場(上漲趨勢)，當布林通道指標的下軌道線由下往上反彈，表示價格來到相對高檔區。

(6)在空頭市場(下跌趨勢)，當布林通道指標的上軌道線由上往下反轉，表示價格來到相對低檔區。

(7)在多頭市場(上漲趨勢)，價格會沿著上軌道線上漲，當價格脫離上軌道線往下向中軸時，表示將醞釀漲多拉回修正，此時為逢高減碼的時機。

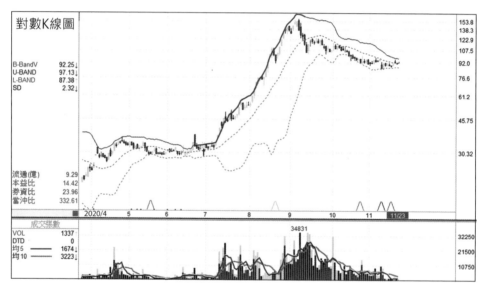

圖11-13　多頭時價格脫離上軌道，代表漲多修正
資料來源：精誠富貴贏家2000

(8)在空頭市場(下跌趨勢)，價格會沿著下軌道線下跌，當價格脫離下軌道線往上向中軸時，表示將醞釀跌深反彈，此時為逢低買進的時機。

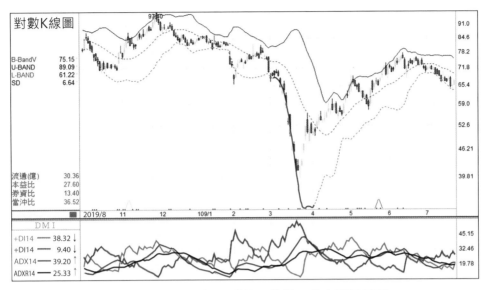

圖11-14　空頭時價格脫離下軌道，代表跌深反彈
資料來源：精誠富貴贏家2000

(9)在多頭市場(上漲趨勢)，價格會沿著上軌道線上漲，當價格脫離
上軌道線往下向中軸時，表示將漲多拉回修正，此時會醞釀形成
四種頭部的賣出型態：

A.「M頭」賣出型態。

B.「頭肩頂」賣出型態。

C.「島型(狀)反轉」賣出型態。

D.「熊市背離」賣出型態。

(10)在空頭市場(下跌趨勢)，價格會沿著下軌道線下跌，當價格脫離
下軌道線往上向中軸時，表示將跌深反彈，此時會醞釀形成四種
底部的買進型態：

A.「W底」買進型態。

B.「頭肩底」買進型態。

C.「島型(狀)反轉」買進型態。

D.「牛市背離」買進型態。

(11)在多頭市場(上漲趨勢)漲多之後，會出現漲多拉回修正，拉回修正的跡象：

A.下軌道線會先上彎。

B.價格脫離上軌道線。

C.上軌道線下彎；也就是進入「收斂」階段，價格將回測中軸線MA21(月線)。

(12)在空頭市場(下跌趨勢)跌深之後，會出現跌深反彈，跌深反彈的跡象：

A.上軌道線會先下彎。

B.價格脫離下軌道線。

C.下軌道線上彎；也就是進入「收斂」階段，價格將反彈挑戰中軸線MA21(月線)。

3.布林通道的操作秘笈

布林通道指標在多頭市場上漲的步驟(循環)：「擠壓−擴張−收斂」，也就是「盤整−上漲−下跌(漲多拉回)」，謂之多頭市場股價上漲三部曲。

布林通道指標在空頭市場下跌的步驟(循環)：「擠壓−擴張−收斂」，也就是「盤整−下跌−上漲(跌深反彈)」，謂之空頭市場股價下跌三部曲。

在多頭市場(上漲趨勢)第一波漲勢之後，會出現漲多拉回修正，價

格將回測中軸線 MA21(月線)，修正結束後，將發動第二波漲勢，其特徵：當上軌道線往上且下軌道線往下，再次形成「開口擴張」型態，中軸線MA21(月線)微微向上，且其型態類似「落花生」，表示多頭第二波漲勢啟動。

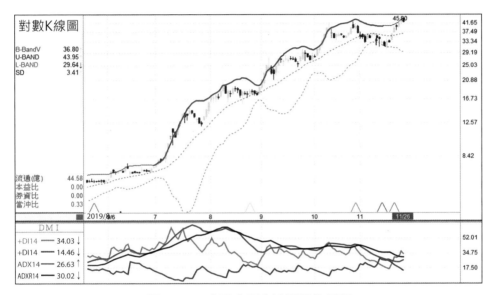

圖11-15　多頭市場多波漲勢的循環
資料來源：精誠富貴贏家2000

　　在空頭市場(下跌趨勢)第一波跌勢之後，會出現跌深反彈走勢，價格將反彈挑戰中軸線 MA21(月線)，反彈結束後，將發動第二波跌勢，其特徵：當上軌道線往上且下軌道線往下，再次形成「開口擴張」型態，中軸線MA21(月線)微微向下，且其型態類似「落花生」，表示多頭第二波跌勢啟動。

　　在多頭市場(上漲趨勢)第二波漲勢之後，會出現漲多拉回修正，價格將再度回測中軸線MA21(月線)，但價格並未回測中軸線MA21(月線)且修正只進行一半，第三波漲勢隨即展開，其特徵：當上軌道線往上且

下軌道線往下，再次形成「開口擴張」型態，中軸線 MA21(月線) 明顯向上，且其型態類似「喇叭狀的牽牛花」，表示多頭第三波漲勢啟動。

在空頭市場(下跌趨勢)第二波漲勢之後，會出現跌深反彈走勢，價格將再度反彈挑戰中軸線 MA21(月線)，但價格並未挑戰中軸線 MA21(月線)且反彈只進行一半，第三波跌勢隨即展開，其特徵：當上軌道線往上且下軌道線往下，再次形成「開口擴張」型態，中軸線 MA21(月線) 明顯向下，且其型態類似「喇叭狀的牽牛花」，表示空頭第三波跌勢啟動。

在多頭市場(上漲趨勢)漲多之後，會出現漲多拉回修正，價格將回測中軸線 MA21(月線)，若中軸線 MA21(月線) 的趨勢仍是向上，會形成助漲和支撐的作用；當價格拉回修正未跌破中軸線 MA21(月線)，為葛蘭碧八大法則的第二買點(正乖離過大修正買點)。

在空頭市場(下跌趨勢)跌深之後，會出現跌深反彈走勢，價格將反彈挑戰中軸線 MA21(月線)，若中軸線 MA21(月線) 的趨勢仍是向下，會形成助跌和壓力的作用；當價格反彈未突破中軸線 MA21(月線)，為葛蘭碧八大法則的第二賣點(負乖離過大修正賣點)。

在多頭市場(上漲趨勢)漲多後，會出現漲多拉回修正，價格將回測中軸線 MA21(月線)，若中軸線 MA21(月線) 的趨勢仍是向上，會形成助漲和支撐作用；當價格拉回跌破中軸線 MA21(月線)，隨即又由下往上穿越中軸線 MA21(月線)，為葛蘭碧八大法則的第三買點(假跌破買點)。

在空頭市場(下跌趨勢)跌深之後，會出現跌深反彈走勢，價格將反彈挑戰中軸線 MA21(月線)，若中軸線 MA21(月線) 的趨勢仍是向下，會形成助跌和壓力的作用；當價格反彈突破中軸線 MA21(月線)，隨即又由上往下跌破中軸線 MA21(月線)，為葛蘭碧八大法則的第三賣點(假突破賣點)。

當上軌道線往上且下軌道線往下，形成「開口擴張」型態，中軸線 MA21(月線)微微向上，表示多頭漲勢啟動。若有買進之後，隔天未能創新高，且3天成交量未創新高，5天內未能脫離買進的成本，第五天若未能展開上漲，形成「騙線模式」宜停損賣出觀望。

　　當上軌道線往上且下軌道線往下，形成「開口擴張」型態，中軸線 MA21(月線)微微向下，表示空頭跌勢啟動。若有融券放空之後，隔天未能創新低，且5天內未脫離融券放空的成本，第五天若未能重新下跌，宜停損買進回補。

　　總結上述可知：

　　(1) 布林通道配合六合神功的波浪理論、型態學，加上 DMI 指標，可以準確的賣在最高點、買在最低點，例如：股價上漲到末升段時，先計算其完成點，用布林通道擴張到寬帶寬時，股價脫離上軌道為最佳賣點，反之亦然。

　　(2) 從布林通道可看個股的多空趨勢，依中軸線的趨勢可以看出多空。

　　(3) 依布林通道的上軌、下軌的斜率還可以判斷個股之強弱力道。

4. 布林通道的操作實例

圖11-16　林布通道的操作實例：淘帝-KY(2929)
資料來源：精誠富貴贏家2000

六合神功對淘帝-KY操作的見解：

(1) 運用K線得知一支中長黑吞噬跌破10支K線形成空頭走勢。

(2) 運用布林通道操作秘笈得知此股會暴跌，因股價跌破中軸並且沿
　　著下軌道持續下跌。

(3) 運用KD指標K值型態及趨勢得知此股會下跌。

(4) 利用型態學的旗形秘笈預測得知此股會到12元以下。

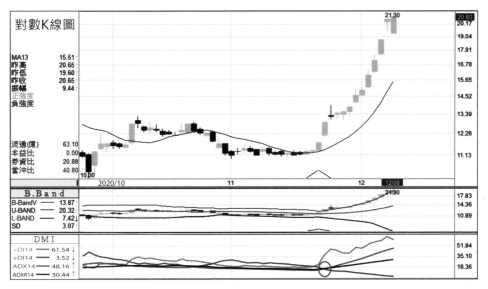

圖11-17　林布通道的操作實例：矽統(2363)
資料來源：精誠富貴贏家2000

運用六合神功：

(1)一飛沖天型秘笈，得知此股會飆漲。

(2)應用DMI的最後買點ADX突破—DI及ADXR時，大量買進。

(3)在2020年11月23日以12.2元上下利用布林通道的秘笈大量買進，
　　沿著上軌道線持續上漲，股價還沒上軌道之前必須抱緊，可倍數
　　上漲。

Chapter 12

縱橫股市操作秘笈

（一）三點法

三點法為六合神功的神祕指標，投資者想在最低點買進的最佳方法，其應用的方法很簡單也很實用，只要運用昨日與今日 O、H、L、C 即可得此三點法之公式，公式如下：

今日開盤價（O2）＋今日收盤價（C2）＞昨日最高價（H1）＋昨日最低價（L1）

也可以做以下：

今日的收盤價（C2）＞昨日最高價（H1）＋昨日最低價（L1）—今日開盤價（O2）

符合以上條件即可以買進。

運用三點法，想在低檔買進，需配合波浪理論使用，在末跌段，以

及波段低檔區才使用本法作買進。反之，投資者想在股票最高點賣出股票亦可運用此方法，只在公式中的大於改為小於即可，公式如下：

今日開盤價（O2）＋今日收盤價（C2）＜昨日最高價（H1）＋昨日最低價（L1）

符合以上條件即可賣出該股，積極者可融券放空。換言之：

今日的收盤價（C2）＜昨日最高價（H1）＋昨日最低價（L1）－今日開盤價（O2），即可融券放空。

運用三點法最主要的鐵律是必須學好六合神功的波浪理論，想要在高檔放空，需配合波浪理論使用，在末升段，以及波段高檔區才使用本法作融券放空。圖12-1三點法：聯發科2020年11月24日的最高752點與最低734點相加，大於11月25日開盤746加收盤價724，所以運用三點法的秘笈，短線投資者可先賣出一趟作差價，待有買進訊號回補。

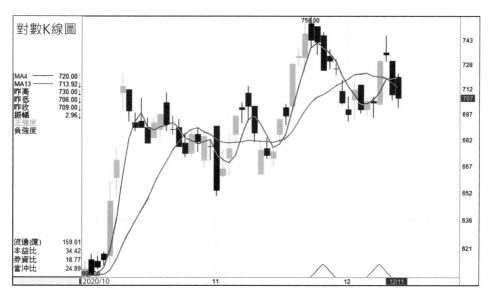

圖12-1　三點法：聯發科(2454)
資料來源：精誠富貴贏家2000

（二）短線法寶

角度線是固定且呈直線，無法隨時掌握曲線之變動，因此根據漲跌角度在180度範圍內所占比例，我們可以用1再加上漲跌角度所占比例得到下列公式：

公式1：1 ＋ 30度 ÷ 180度 ＝ 1.167

公式2：1 ＋ 45度 ÷ 180度 ＝ 1.25

公式3：1 ＋ 65度 ÷ 180度 ＝ 1.361

公式4：1 ＋ 75度 ÷ 180度 ＝ 1.4167

以下為各種市況下的公式的運用：

1.上漲：(波段底部最低價標示：L)

(1)L × 1.4167 ÷ 1.361 ＝ 看好價（1.0409）

(2)L × 1.25 ÷ 1.167 ＝ 第一反壓(1.07）

(3)L × 1.361 ÷ 1.25 ＝ 第二反壓（1.089）

(4)L × 1.4167 ÷ 1.25 ＝ 強勢反壓（1.133）

(5)L × 1.167 ＝ 抵抗反壓（1.167）

(6)L × 1.4167 ÷ 1.167 ＝關鍵反壓（1.125）

(7)L × 1.25 ＝ 回檔反壓（1.25）

(8)L × 1.361 ＝ 最強反壓（1.36）

(9)L × 1.4167 ＝ 最強反壓（1.4167）

◎如何操作

1.買1.0409賣1.089（獲利4%）－作多弱勢(超短線)

2.買1.0409賣1.125（獲利8%）－作多強勢(短線)

3.直線上升至1.215持股一定賣出，待回1.133再接（超強勢）

2.下跌：(波段底部最高價標示：H)

(1)H ÷ 1.4167 × 1.361 = 看壞價（1.0409）

(2)H ÷ 1.25 × 1.167 = 第一支（1.07）

(3)H ÷ 1.361 × 1.25 = 第二支（1.089）

(4)H ÷ 1.4167 × 1.25 = 強勢支（1.133）

(5)H ÷ 1.167 = 抵抗支撐（1.167）

(6)H ÷ 1.4167 × 1.167 = 關鍵支（1.125）

(7)H ÷ 1.25 = 回檔支撐（1.25）

(8)H ÷ 1.361 = 最強支撐（1.36）

(9)H ÷ 1.4167 = 最強支撐（1.4167）

◎如何操作

1.賣1.0409買1.089（獲利4%）－放空弱勢(超短線)

2.賣1.0409買1.125（獲利8%）－放空強勢(短線)

3.直線下跌至1.125空手酌進反彈至1.133先獲利。

4. 上漲當超過1.045時，而回檔不破1.045時，多可能漲停板。

5. 下跌當超過1.045時，而後反彈時無法1.045時，多可能跌停板。

（三）能量解消法

　　能量解消法為自然的定律，世界上任何事物都必須遵守自然定律，就跟費波蘭希級數一樣。從能量解消法中可預測股價高點與低點的價位，通常是以週線圖為主，必須使用半對數圖。能量解消法所預測的高點及低點，都不是短時間內可達到的，必須經過波段下跌後，那才會是能量解消法所畫出的低點及高點，畫法如下：

1. 預測低點時

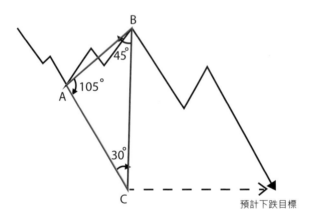

圖12-2　能量解消法預測低點
資料來源：作者整理

當趨勢已確定反轉向下時：

(1) 預測低點時，投資者首先找出「前一上漲波段」，由該波段最低點A連接波段最高點B畫一直線（此直線為AB）。

(2)此直線AB為左下角往上至右上角的線,從直線的高點B畫一條與直線AB呈45度角的直線BC。

(3)由直線AB的最低點A畫一條與直線AB呈105度角的直線AC。

(4)直線AC與直線BC之交會點為能量解消法的預測低點,直線AC與直線BC之夾角為30度角。

(5)能量解消法只能預測股價低點,但不能預測股價形成低點的時間。

2.預測高點時

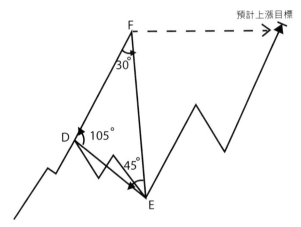

圖12-3　能量解消法預測高點
資料來源:作者整理

(1)預測高點時,投資者首先找出「前一下跌波段」,由該波段最高點D連接波段最低點E畫一直線(此直線為DE)。

(2)此直線DE為左上角往下至右下角的線,從直線的低點E畫一條與直線DE呈45度角的直線EF。

(3)由直線DE的最高點D畫一條與直線DE呈105度角的直線DF。

(4) 直線EF與直線DF之交會點為能量解消法的預測高點，直線EF與直線DF之夾角為30度角。

(5) 同樣地，能量解消法只能預測股價高點，但不能預測股價形成高點的時間。

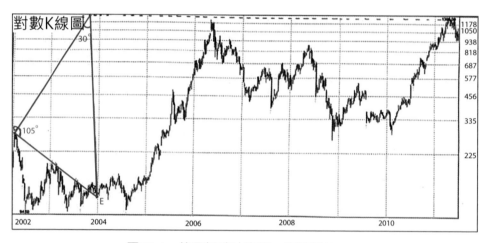

圖12-4　能量解消法實例：宏達電(2498)
資料來源：精誠富貴贏家2000

　　依照能量解消法，找到前一波下跌的高點連接低點畫一直線，再由能量解消法的畫法得知本波的高點在1300元。

（四）選股八大原則

　　股市行情全面上漲或下跌的機率不多，通常多是此起彼落，輪流換作，因此，如何選股，就值得用心探討此一大學問，選對了，其他股票跌，它一樣可以上漲，其他股票小漲，它可以大漲，賺的快，也有成就感，若一旦選錯股票，其他個股都漲，它卻下跌，其他個股小跌，它大跌，賠了錢，且充滿挫折感，眼睜睜錯過獲利機會。

　　在此提出以下選股八要素，只要能領會貫通，靈活運用，相信對讀者選股操作，必有頗大助益。

1.注意大勢的研判。包括國內外的政治、經濟、財政、金融、貿易等情勢。依政府的政策選擇投資標的，進場做多。

2.線型趨勢。許多投資人重視技術分析，依最重要的穩賺圖形：

(1)W底

(2)突破對稱三角形

(3)突破上升三角形

(4)圓形底

(5)突破矩形

(6)超級強勢股的判定法則。

A.K線圖形呈「梯形」之走勢者，勢最強應列為下波段優先選股對象。

B. 個股之股價日K線不隨大勢回檔呈現盤堅走勢的個股。

C. 大盤下跌個股作打底走勢的個股。

3.選股務必根據炒作題材分析

(1)漲勢最猛的個股勢偏重於技術面的籌碼操作。

(2)漲得兇猛的股票就是好股票。即使是投機股，只要它漲得猛，它就是好股。

(3)不論是績優股或績差股都有可能成為狂飆黑馬股，只要是飆得猛的股票，它就是好股票。

(4)選股決策過程中最重要的就是技術分析，而基本分析與炒作題材分析可用來輔助技術分析，以增加選股的精確性。

(5)哪類股最強勢，就從哪類股中選擇其漲幅最大的個股為黑馬，以中期持有為獲利之最大法則。

(6)每一階段選出兩至三支黑馬股做投資組合，以應輪漲並分散風險，

採波段式操作賺取最大的利潤。

4.選股務必根據成交量

(1)重要的選股原則：成交量的弧形底理論顯示，成交量的變化現象由巨量而遞減→盤穩→遞增，或巨量如同一圓弧形一般，這就是成交量的弧形底。

(2)重要的選股原則：十字星理論主力在吃貨、洗盤，醞釀另一波攻擊的開始。

選股時應特別注意個股在大盤中輪作的角色，整個大盤在上漲期間可將各類股票概分為：

A.領先大勢的類股

B.隨勢波動的類股

C.落後大勢的類股

(3)中期趨勢的選股策略：

以週K線與週成交量之大小來決定選股的分析技術，是中線操作者最重要的課題。

5.大戶動態

包括外資、自營商、投信⋯⋯等法人機構、市場大戶及公司大股東之動態，當彼等多在大量拋售持股，股價多會下跌，反之上漲機率高。個股走勢大戶是否介入，更對股價有決定性之影響，但大戶放出之消息並非百分之百可靠，市場中更常有不實消息傳播，需加以過濾。

6.選股應特別注意籌碼供需的情形

可利用分點籌碼買賣統計，若有供需強烈失衡的個股，籌碼強力集中鎖定的個股在波段起漲點，主力攻擊訊號出現時必須大膽全押抱住，獲取波段利潤。

7.公司的前景

(1)新產品：公司研發新產品品質優良，有研發能力導入產業新趨勢。

(2)新市場：公司產品是未來需求擴大的產業鏈。

(3)寡占性：具有決定價格的特性，可以提高公司產品的毛利率。

(4)成長力道較大的：由於未來需求增加，產品成長力道季增率QoQ((Quarter on Quarter)；在20%以上。

(5)擁有國際級的大客戶訂單。

8.印證走勢

任何技術分析或消息尚需經過印證，看看開盤及實際走勢是否與消息一致？否則，說得再好，股價卻不漲，就要重新考慮。

9.選股的技巧

最重要的是要篩選主流強勢股來買進投資操作，只要鎖定當日大漲大量的強勢股來做功課。

(1)股票排行前30名的或當日收漲停的個股。

(2)篩選成交量放大的個股（五日量×1.5倍）以上（K線收中紅者）。

(3)排除空頭市場反彈的個股，季線有向下彎或均線空頭排列的個股。

(4)是否為次階段主流股，看同類族群的表現，判斷是否成為主流類股發動（主流股可走中期波段行情）。

(5)在基本面分析確認營收、訂單、題材、財測、可否有續漲之條件。

(6)確認籌碼圖，是否有軋空條件。

(7)依波浪理論分析，此個股目前所處的位階，未來波段完成點在哪裡，風報比是多少1：3。

(8)經過箱型整理2、3個月以上，突破壓力線。

(9)突破箱型整理區後拉回買進，不破支撐的價位進場。（拉回的幅度越小越好），利用布林通道的秘笈去選股。

(10)創新高，多頭排列的個股。

（五）亞當理論十大守則

1.賠錢的部位絕不可加碼或攤平。

2.開始操作或加碼時，絕對不能沒有同時設定停損，以防在出差錯時，能帶你出場。

3.除非是依操作所要的方向，否則絕不要取消或移動停損的價位。

4.絕不要讓合理的小損失，演變成為一發不可收拾的大損失，狀況不對立即退場，留得青山在，不怕沒柴燒。

5.一筆操作或任何一天，不要讓自己虧掉操作資金的百分之十以上。

6.別去抓頭部和底部，讓市場把它們抓出來，亞當理論永遠不允許抓頭部和底部，想去抓的人也抓不準，但是頭部和底部終會出現……亞當理論只會錯一次。

7.別擋在列車前面，如果市場往某個方向爆炸性的發展，千萬別逆勢操作，除非有強烈的證據，顯示反轉已發生（注意是已發生，不是將發生或應發生）。

8.保持彈性，記住你可能會錯，亞當理論可能會錯，世界任何事情都可能偶爾出差錯。記住亞當理論，所說的是機率很高的事，而不是絕對肯定的事。

9.操作不順時，不妨縮手休息，如果你一再發生虧損，請退場到別的地方去度假，讓你的情緒冷靜下來，等頭腦變得清醒再說。

10.問問你自己。你全身從裡到外是不是真的想從市場賺一筆錢？並仔細聽一下你自己的答案，有些人心理上渴望著賺錢，也有些人只是想找些事情做（認清你自己）。

（六）如何選擇長線飆馬股

1.籌碼要穩定，經過自然沉澱，主力洗盤後，成交量萎縮，最好尋找最近半年或一年來成交量較少的個股。

2.不限任何線形，要炒作即可飆升，最好選擇有騙線者為佳，如破線量縮。

3.要有吸引人的炒作題材，能給投資者有無限的夢想。

4.量縮見底，股價有大弧形，底線形者為佳。

5.融資餘額跌至谷底，股價回穩上升的個股。

6.大盤跌，個股逆勢橫向盤整或上漲的個股。

7.上漲突破後一直保持在前一波高點上的個股。

8.均線糾結在一起，且股價站穩在均線上的個股。

9.選擇本業獲利高成長的個股。

10.選擇法人或主力作手垂青的股票。

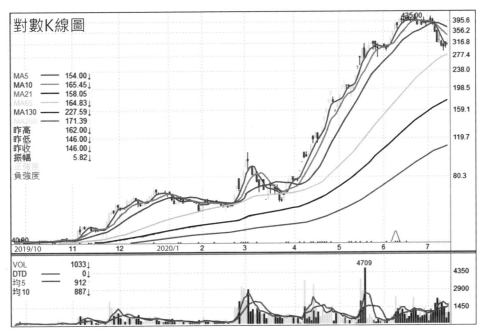

圖12-5　漲十倍的飆馬股實例：瑞基（4171）
資料來源：精誠富貴贏家2000

A.此股在2019年11月5日及2020年2月21日均線糾結中長紅拉升為長線飆馬股最佳買進訊號。

B.符合長線飆馬股1、2、4、5、7、8、9、10點的原則,所以此股從2019年10月29日的41.3元上漲到2020年6月18日的435元,其漲幅為10倍的飆馬股。

(七)主力作手的操盤秘笈

在1981年至1996年的主力作手四大天王(雷伯龍、榮安邱、威京小沈、富隆游)及世界陳、財隆林、亞視汪、中信黃、美濃吳、櫻花張、遠東林、亞聚陳、環球彭、豐銀吳、富豪姚、益航陳、古董張、迪化梁、大安林、扶輪趙、海線王、三光翁、獅子王……等百位,其中有二十幾位都是我的老師,我學了各門各派主力作手的操盤技巧,綜合精髓將其表達在下面。

主力操作股票之方法1.比價 2.輪作 3.哄抬慣壓。對氣勢的研究必須特別加以重視。因為所有主力作手都是以獲利為前提,所以最注重的是人氣的維持。

1.主力的思維:股價與業績並沒有絕對的關係,注重多空的態勢與籌碼供需的變化,籌碼集中與否為決定該股價的高低。

(1)旺盛的企圖心

(2)轉機的個股

(3)獨到的慧眼

(4)看出漲跌的大波段

(5)培養人氣和建立市場魅力

(6)專業的知識和操作技巧

(7)業績成長和籌碼集中度

(8)創勢用勢、漲時重勢、跌時重值、價量時心

2.主力如何尋找目標：主力在炒作一支股票之前，必須經過一段策劃的階段：

(1)資本額的大小。

(2)炒作的幅度：依策劃可能達到3~5倍，若配合軋空可達5~10倍以上。

(3)公司派的態度，董監事負責人持股的比例及私下持股的數量，配合三年一次的改選董監事行情。

(4)資金調度：自有資金、丙種資金、內圍資金及外圍資金。

(5)個股的技術面與籌碼面，統計流通在外的籌碼及可掌握的籌碼。

(6)尋找當時最紅的炒作題材，例如：2020年政府輔導的綠能政策、因COVID-19生活習性改變產生遠端教學，或面版需求產生供需的問題，導致面版股及驅動元件的天鈺(4961)大漲。

3.主力布局的過程：如何吸貨、拉抬、洗盤、出貨。

(1)洗盤方法：A.開高走低法 B.跌停打開法 C.上沖下洗法。

(2)在股市中主力作手、大戶慣用的手法為養空、吊空與軋空；養多、套多與殺多。

(3)主力炒作必須師出有名(藉口)，所以要配合消息面策劃。

4.業績題材與股價的關係

(1)績優股業績轉佳，股價上揚，業績持續高成長股價繼續上漲噴出；業績轉差，股價震盪盤頭，業績大幅衰退股價大跌。

(2)成長股業績轉佳，股價打底，業績持續成長股價上揚；業績轉差，股價震盪，業績大幅衰退股價大跌。

(3)股價的飛漲往往是基於人為的炒作，然而主力炒作一支股票，除了籌碼以外並非憑空亂炒一通，炒作必須有題材，主力也是根據各股的基本面及籌碼分析，從中挖掘出炒作題材，在經過布局、整理、吃貨、拉升等過程，後來跟進者的搶進而促使股票暴漲，

因此投資人平常必須多注意個股的炒作題材來分析，由基本面及技術面的的綜合研判來審慎選股才是獲利的最高法則。

(4) 沒有任何一支股票從1月分連漲到12月分，所以必須採取輪作每段落的黑馬股，因為個股皆不同題材，如此輪作才能使自己的獲利暴增。

(5) 夕陽股業績轉佳，股價震盪，業績持續成長股價上揚；業績轉差，股價下跌，業績大幅衰退股價大跌。

(6) 投機股純粹炒作，不受業績好壞的影響。

5.主力作手依成交量的操作技巧

(1) 個股大成交量出現的位置(處於波浪理論的哪一個位階)決定股價的走勢，久盤後連續巨量價揚的股票應大膽介入，不要因有洗盤而畏縮缺乏膽量不敢買進。

(2) 波段高檔出現巨量的股票勿追，因作手會以量滾量的方式出貨。

(3) 運用六合神功能量不滅法則：選擇飆股的不二法門就是根據大成交量判斷，飆股必有大動量，否則就不會飆。動量越大的股，飆勁越強。

(4) 運用窒息量法則：主力會選擇成交量形成弧形底，當成交量的平均線走平時要特別加以注意，一旦成交量開始揚升且股價開始上漲時買進。

(5) 股市獲利的大重點是正確的選股而非只看準大勢，否則易賺指數賠差價。

(6) 個股成交量是股價變動的溫度計，有很多股票的飆漲其本身的基本面並無重大的關係，純粹是籌碼供需面的炒作，而成交量之巨大變化就可以預測該股票股價的高低點。

(7) 成交量沒有放大就不進場，股票不是天天可以做的，一年做個3、4幾次就夠了，只要看準全押抱緊1、2支飆股就夠本了。

(8)量是價的先行指標，成交量分析是技術分析及選股決策過程中最重要的分析因素(散戶看價、高手看量、老手看籌碼)。

(9)在上漲趨勢中，若成交量隨著放大，(供給增加)但價格不受其影響依然連續上漲則表示需求大於供給，股價繼續依上漲型態進行。

(10)若在下跌趨勢中，成交量有放大現象，(需求量增加)然而價格不受其影響依然大幅下跌，則表示供給大於需求，促使股價繼續依下跌型態進行。

(11)在上漲趨勢中，若成交量隨之大幅擴增，但價格受其影響而上升趨緩，則表示壓力增加，為反轉向下的徵兆。

(12)在下跌趨勢中，若成交量有放大現象，但價格受其影響而下跌緩和，則表示支撐轉強，為反轉向上的徵兆。

3.主力作手依據短、中、長期移動平均線之排列關係選股

(1)買進多頭排列的強勢股後，應做「角度分析」。上升趨勢越陡者越強。

(2)在上升趨勢未改變之前不要賣出持股，依六合神功趨勢線操作三條法則以免中途被洗掉。

(3)必須注意個股價格的日K線與短、中、長期移動平均線之排列關係。

(4)選股務必檢視股價日K線與5日、10日、21日均線之乖離程度，介入時不宜買進乖離度太大的股票，例如21日乖離大於18%以上即為過大。

(5)5日均線急速揚升的個股要特別注意其上揚角度。

(6)在低檔底部區產生突破缺口跳空開盤、收盤以最高價作收形成中長紅的股票應要列為選股標的。

(7)依六合神功趨勢線原理被觸及的次數越多，則此趨勢線越可靠。

(8)趨勢線的角度越大，表示走勢越陡峭，以後的支撐力道越弱，所以會形成假跌破。

4.投資大眾要注意主力作手的動向

(1)台灣股市，主力(外資)對市場之影響力極大，這是台股市場的重要屬性，所以一般投資人絕對要注意此一力量的存在。

(2)股價與業績並非有絕對的關係，多空形式與籌碼供需之變化，為決定該股價位漲跌的主要因素。

(3)主力(三大法人)介入的個股，其波動幅度必然比無主力的個股來得大，而技術分析的操作者其選股戰略喜歡這種波動幅度大的個股，因為波動幅度愈大的股票，獲利的可能性愈大愈快，但須防其伴隨之高度風險性。

(4)選股應特別注重籌碼供需嚴重失衡的股票，籌碼被有心人士(主力、市場大戶、公司派)鎖定的個股，投資者必須在起漲點出現時要勇敢大膽買進。

(5)三大法人長期吸收的股票應被列為選股的重要對象，因為三大法人有許多財務專家與準確的消息來源，他們會和公司派配合吸收個股，跟隨他們操作常可獲利較高。

(6)主力吸貨的根本表徵顯示在成交量的變化，由成交量的變化現象最能看出主力的操作心態及企圖心，主力動向及個股力道分析，對於一位從事技術分析操作者而言，是一件相當重要的事。

(7)參與買賣股票的投資者的看法越不一致時，成交值越大，而參與股票買賣的投資者的評價越一致時，成交值越小。

(8)股市有淡季與旺季之分，而影響股市之多空力道，在除權息時往往是股市成交量放大的時期，此種形勢的演變，表現大戶對公司派及政策的習性。

(9)台灣股市的「除息」或「除權」，往往是主力操作的最佳時機，利用此炒作題材，可以大大的發揮。

(10)在多頭市場中。多頭主力大戶所慣用的手法為養空、吊空、軋

空，在空頭市場中，主力大戶所用的手法則為養多、套多、殺多。

5.主力操盤的方式

(1)吸貨期：

主力計劃在自由市場開始默默吸貨，直到能夠控制籌碼之後，再進行拉升出貨，以達其獲利之目的。

吸貨期，主力大戶常以散布利空消息或大幅震盪之方式洗出浮額，之後，成交量突然持續性放大，價格呈盤堅或中長紅收市。

(2)軋空期：

養空期誘空成功之後，主力開始大幅拉升股價，逼使空頭高價回補，此段上升行情稱為軋空期，股價上升急速而猛烈，往往是主升段的走勢。

主力拉抬的方式包括： 配合新聞媒體發表利多消息，利用大量突破整理區，使看線的投資者買進，或與業內董監公司派鎖定籌碼聯合拉抬，同時號召外圍買進，透過籌碼強烈鎖定，使股價大幅飆漲。

(3)出貨期：

主力往往在主升段的末端開始分批調節出貨，最後末升段往往是公司派大量發布利多消息，主力利用開高走低將最後一批籌碼賣出。股價K線型態形成反轉訊號，往往以缺口、高檔吞噬、T字線或開高走低之實體陰線方式表現。

6.一般投資者對主力作手操作的個股股性要特別認識

(1)買進主力介入的個股之前應做好風險計算原則及股性分析。

(2)選股應優先考慮主流股，因為主流股必然是最強勢的熱門股，其股性往往大幅領先大盤的飆漲。

(3)久盤之牛皮股，主力介入其股性將因主力操作習性而改變。

(4)落後大勢的弱勢股不要碰，如果手中持有弱勢股應採換股操作之策略，速丟棄萬人皆漲我獨跌的股票(強者恆強，弱者恆弱)。

(5) 對個股的股性研判需配合其「景氣循環」模式。

(6) 對個股的股性必須依據其過去的股價歷史，這樣對該股的股性研判才會正確。

7. 一般投資者須了解主力作手應用型態來選股

(1) 選股務必根據本書所述的型態學，千萬不要懷疑完整而漂亮的型態。

(2) 應選擇當時市場的流行股。熱門流行股往往是最強勢的類股。

(3) 選股應做投資組合，以應輪漲，畢竟漂亮的型態應不只一個，所以投資者必須用投資組合來提高獲利。

(4) 最厲害的高手是選擇打底完整的個股，因為利潤大於風險，但一般的投資者必須能夠看出何時要發動攻勢，以免資金被套牢。等打底完成的股票要發動之前必有巨大的成交量出現攻擊訊號。

(5) 打底已久，低檔頻頻跳空的股票要特別加以注意，因為這種股票的賣壓已經消耗殆盡，浮動籌碼已被消化盡了，籌碼的安定性高，供需變化已呈強烈對比。

(6) 投資者買進股票在沒有攻擊訊號之前，不論底多長，不見底，不見動量不進場。

(7) 操作股票以獲利股票為原則，應重視個股表現，不要被整體大勢所迷惑。

(8) 型態之選擇與研判務必與成交量配合，否則將無法精確的掌握股價走勢。

（八）角度線找黑馬股及測量天價

1. 角度線（僅適用於半對數股價日線及週線圖）

(1) 股價反應在平面座標上受時間限制，不管漲跌均在一定範圍內，那就是正80度及負80度以內，而依其強弱可區分為75度、65度、45度及30度四種，其在股價漲跌所代表的意義如下：

◎上漲：

　A.75度為「超強趨勢」

　B.65度為「強勢」

　C.45度為「正常趨勢」，超強趨勢或強勢的回檔可在此酌接（最好配合指標及公式）

　D.30度為「弱勢」，對45度以上上漲的股價而言是一條原始支撐線，漲勢初期出現回檔可在此大膽承接，但漲勢末期頭部形成跌破此線（尤其是第三次）持股一定賣出，空手可在此放空。

◎下跌：

　A.75度為「最弱勢」

　B.65度為「弱勢」

　C.45度為「一般趨勢」，最弱勢及弱勢的反彈突破此線站穩（未再跌破突破點價）可配合公式在此介入搶反彈。

　D.30度為「最大壓力線」，又稱空方線，任何回檔或跌勢的股票一定突破此線並站穩（未再跌破突破點價）才能再轉好，跌勢末期的突破此線站穩可大膽買進。

(2) 如何利用取圓心來畫角度線：

　A.漲：反轉上漲連續兩根紅線（最好為長紅）的第一根紅線的最低價，每一波幅均可取點，但以原始部的第一圓心所畫時效最具關鍵。

　B.跌：反轉下跌頭部最高價，每一波幅均可取點，但以原始頭部的第一圓心所畫時效最具關鍵。

(3) 如何運用角度線來作買賣：

　A.股價由下跌轉向上突破30度時買進，但隨時留意突破點價是否再跌破收盤以作為是否賣出之參考，以防假突破騙線；或待突

351

破30度站穩（未再跌破突破點價）時買進。

B.股價由上漲轉向下跌破30度（近期底部所畫）時持股一定賣出，空手打空（融券），但隨時留意跌破點價是否再突破以作為是否再補進之參考，以防假跌破騙線；或待跌破30度無法再回跌破點時融券放空或者賣出。

2.由角度線找黑馬股及測量其天價

拿出K線週線圖(半對數圖)，尋找有由跌轉盤、做底、盤上的線形。

A.由盤跌前的最高價向右下方畫出45度，凡具黑馬的股票通常其做底的最低價（或最低價的那根週線）會與這條45度交會。

B.會由這條45度的最低價（或與45度相交的最後一根週線）向上畫垂直線A線。

C.由盤跌前的最高價向右上方畫出45度及60度線，分別與A線相交點為X（45度）及Y（60度），X為第一天價，Y為最後天價。

D.發覺黑馬股後由盤跌前的最高價向右下方畫出30度，待股價突破該線站穩第一次買進。股價突破盤跌前的最高價站穩時再加碼買進。

E.通常操作黑馬的最佳方法有兩種：

a.完全按多空指標未轉負前不必賣出，等到X及Y出現才賣出。

b.完全按股價3日平均線未跌破多空指標不必賣出，等到觸及到X及Y出現才賣出。

圖12-6　角度線找黑馬股及測量天價實例：合一(4743)
資料來源：精誠富貴贏家2000

　　依照角度線的畫法，將高點的45度線和低點畫垂直線，兩線的交叉在460元，實際上合一在2020年7月9日上漲到476元。

圖12-7　角度線找黑馬股及測量天價實例：智邦(2345)
資料來源：精誠富貴贏家2000

　　依照角度線的畫法，將高點的0度線和低點畫垂直線，兩線的交叉在145元，實際上智邦在2020年12月上漲到306元。

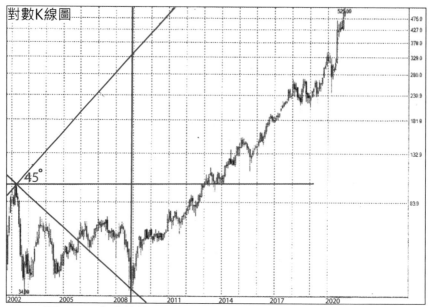

圖12-8　角度線找黑馬股及測量天價實例：　台積電(2330)
資料來源：精誠富貴贏家2000

　　依照角度線的畫法：1.將高點的45度線和低點畫垂直線，兩線的交叉在330元，實際上台積電在2020年12月上漲到525元；2.高點60度線和低點垂直線兩線交叉點在680元。

（九）　反彈與回檔幅度決定爾後的漲跌幅

1.反彈

　　這裡反彈的定義是：漲升不大，漲升的時間短，市場交易量少(月平均量的1/2)。反彈時，中、長期投資者，不宜介入操作，當指數大跌一段之後部分會反彈，反彈可分為反彈下跌指數之0.382(1/3) 或0.618(2/3)。如發生反彈超過0.618(2/3)，也不可加入操作，需等它回檔，才可入場操作。（不可能超過上波的最高點）。

　　(1)弱勢反彈只有0.382(1/3) 或不到0.382(1/3)，股價再破底可能性很大，不可在上次低點買進，需在跌破之後的低檔支撐點，再買進。

　　(2)正常反彈0.5(1/2)，需注意再探底時是否成功，等探底成功後再買進。

(3) 強勢反彈0.618 (2/3) 為可確定上次低點之底部，等再探底回0.382(1/3) 或 0.5(1/2) 或0.618(2/3)時分批少量買進，等探底、築底，底部完成後，才把全部資金投入。

(4) 中、長期投資者，在反彈時不適合多頭操作，需等反彈達到滿足程度再決操作方式。

(5) 短期投資者，如要操作反彈時，需注意全額要少，時間要短，且需在反彈未完成時，即要適時出脫。

(6) 在反彈時需制定操作方針，如上漲5％或10％時就賣出。

2. 回檔

回檔在這裡的定義是：跌幅不大，回跌的時間短，市場交易量少。回檔時，中、長期投資者，不宜介入操作，當指數大漲一段之後部分會回檔，回檔可分為回檔上漲指數之0.382(1/3)、0.5(1/2) 或0.618(2/3)。

(1) 強勢回檔只有0.382(1/3) 或不到0.382(1/3)，算是強勢整理，股價再突破高點的可能性很大，可不用在上次高點賣出，需看突破之後的高檔壓力點，再賣出。

(2) 正常回檔0.5(1/2)時，屬於正常走勢，這時需注意再突破高點時是否成功，若未突破高點後再賣出。

(3) 弱勢回檔0.618(2/3)為可確定上次高點之頭部，等再反彈0.382(1/3)或0.5(1/2)或0.618(2/3)時分批少量賣出，等盤頭，頭部完成後，才把全部持股賣出。

(4) 中、長期投資者，在回檔時不適合融券放空操作，需等回檔達到滿足點再決定做多操作。

(5) 短期投資者，回檔時融券放空，需注意金額要少，時間要短，且需在回檔未完成時，即要適時回補。

(6) 在回檔時融券放空需訂定操作方針，股價下跌5％或10％時就要回補。

參考書籍

中文書籍	出版社	作者
《股市羅盤 六合神功》	瑞成書局	曾乾豪、劉士維 許嘉玲
《七項指標定奪買賣點》	台北國際商學出版社	林勝安
《K 實戰法》	理財先知文化	黃勤翔
《千金可買早知道》	新陸書局	王正元
《投資技術分析》		鄭超文
《技術指標》	財信出版社	杜金龍
《股市絕學》	台芝文化	黃光浩
《股票操作》	證卷出版社股份有限公司	張齡松、羅俊
《股票買點》	證卷投資發展中心	羅雲光
《股票X線》	高雄復文出版社	許金華
《股票預測多空操作學》	寶川出版社	陳士得
《量價破解》	長海出版社	林玖龍
《權威股票操作學》	美工圖書社	陳明智
《艾略特波浪理論》	眾文圖書公司	A.J.Frost & Robert R. Prechter, Jr.

英文書籍

書名　Pattern, Price & Time: Using Gann Theory in Trading System
出版社　John Wiley & Sons, Inc
作者　Hyerczyk, James A.

書名　New Concepts in Technical Trading Systems
出版社　Trend Research
作者　Wilder, J. Welles

書名　Technical Analysis of Stock Trends
出版社　CRC Press
作者　Edwards, Robert D./ Magee, John/ Bassetti, W. H. C.

書名　the major works of R.N.Elliott
出版社
作者　Ralph Nelson Elliott (Author), Robert Prechter Jr.

六合神功震天下，股林秘笈在此傳
看法獨到眾人稱，漲跌明判有技巧

股市中千金難買早知道，只有早知道才能在股市賺大錢，透過學習才能早知道股市的動脈，賺取巨富！歡迎投資者報名飆碼技術學堂課程，成為股市的常勝軍！

飆碼技術學堂相關課程：

一、初級班　：建立股市操作原則、K線原理、均線原理、型態種類、技術指標(RSI，KD，MACD，DMI）基操作、趨勢線原理⋯。

二、中級班　：加強股市操作原則、反彈與回檔、乖離率、CDP逆勢操作系統、OX圖、新三價線、寶塔線、短線操作秘笈⋯。

三、高級班　：技術指標（KDJ，RSV，ADL，OSC，MTM、AR、BR、CR⋯）、各項指標瓶頸突破的技巧及秘笈、操作心法(不賠錢的秘笈)⋯。

四、實戰班　：逆時鐘曲線、一飛沖天型飆馬股的反曲點、布林通道原理、3減6日乖離操作、選飆馬股技巧、四線進出指標、天地線⋯。

五、操盤手班：角度線原理、能量解消法、甘氏角度線、臨界轉折、反市場操作的應用、主力操盤的心法及秘笈、資金規劃⋯。

報名專線：
　0938-382-892　　、　　0931-632-526　　、　　0908-371-681

電子郵件：STAliuhe@gmail.com

台灣廣廈 國際出版集團
Taiwan Mansion International Group

國家圖書館出版品預行編目（CIP）資料

最強股市技術分析
：從8萬創造出50億財富的技術分析之路，台灣空頭大師Barry Chao讓你
少走冤枉路！/趙柄驊著，
-- 初版. -- 新北市：財經傳訊，2021.1
面；　公分. --（view；42）
ISBN 9789869951845(平裝)
1.股票投資　2.技術分析

563.53　　　　　　　　　　　　　　　　　　　　　109018596

財經傳訊
TIME & MONEY

最強股市技術分析
：從8萬創造出50億財富的技術分析之路，台灣空頭大師Barry Chao讓你少走冤枉路！

作　　　者／趙柄驊　　　　編輯中心／第五編輯室
　　　　　　　　　　　　　編 輯 長／方宗廉
　　　　　　　　　　　　　封面設計／十六設計有限公司
　　　　　　　　　　　　　製版・印刷・裝訂／東豪・弼聖・紘億・秉成

行企研發中心總監／陳冠蒨　　　線上學習中心總監／陳冠蒨
媒體公關組／陳柔彣　　　　　　數位營運組／顏佑婷
綜合業務組／何欣穎　　　　　　企製開發組／江季珊

發 行 人／江媛珍
法 律 顧 問／第一國際法律事務所 余淑杏律師・北辰著作權事務所 蕭雄淋律師
出　　　版／財經傳訊出版社
發　　　行／台灣廣廈有聲圖書有限公司
　　　　　　地址：新北市235中和區中山路二段359巷7號2樓
　　　　　　電話：（886）2-2225-5777・傳真：（886）2-2225-8052

全球總經銷／知遠文化事業有限公司
　　　　　　地址：新北市222深坑區北深路三段155巷25號5樓
　　　　　　電話：（886）2-2664-8800・傳真：（886）2-2664-8801
郵 政 劃 撥／劃撥帳號：18836722
　　　　　　劃撥戶名：知遠文化事業有限公司（※ 單次購書金額未達1000元，請另付70元郵資。）

■出版日期：2021年1月　　■初版7刷：2023年6月
ISBN：9789869951845

加
對

56
10
時